Dr. Georg Lomer

Lehrbriefe

zur

geistigen Selbstschulung

Dr. Georg Lomer

Lehrbriefe

zur

geistigen Selbstschulung

2005

Verlag Dieter Rüggeberg ✸ Wuppertal

© Copyright 1995 by
Rüggeberg-Verlag,
Postfach 13 08 44,
D - 42035 Wuppertal
Deutschland

Alle Rechte vorbehalten, einschließlich der fotomechanischen Wiedergabe und des auszugsweisen Nachdrucks.

Printed in Germany

ISBN 3-921338-34-4

Inhaltsverzeichnis

Erster Brief 9
Einführung.
Zielsetzung.
Das Verfahren.
Bilanz und Umstellung.
Grundregeln der ersten Stufe.
Die praktischen Übungen des „ersten Monats".
Zweiter Brief 30
Deine besondere Sendung.
Der Mahnzettel.
Die Umarbeitung des Charakters.
Das Denken, „beseelte Elektrizität."
Der Gedanke – ein Kraftsystem im kleinen.
Jeder Gedanke will „Wirklichkeit" werden!
Tod durch Gedankenwirkung.
Die Bausteine des Denkens.
Die Quellen der Gedankenkraft.
Die Wunschkraft - Dein Motor.
Das obere und das untere Licht.
Wirkungen der Askese.
„Sei Herr in Deinem Hause!"
Erläuterungen.
Dritter Brief 51
Der Weg nach innen.
Der Traum – das erste Tor ins Jenseits.
Der Traum – eine zweite Wirklichkeit.
Alle Träume – Gleichnisse.
Körpersymbolik. Geldsymbole.
Fruchtbarkeit und Liebe. Tiersymbole.
Tod und Leben. Wettersymbole. Bewegungsträume.
Zweck und Ziel des Träumens.
Traumkontrolle als Seelenbarometer.
Die große Konzentration.

Selbstbefehl und Glaube.
Wesen der Betrachtung. Wesen der Beschauung.
Praktische Übungen der III. Stufe.
Erläuterungen.
Vierter Brief **73**
Stelle Posten an die Pforten der Sinne.
Magie des Auges - Die Entwicklung des Meisterblicks.
Seine Anwendungsweise.
Die Disziplin des Wunsches.
Hasse niemand - Fürchte nichts.
Die große Bruderschaft.
Die Lehre vom Rhythmus.
Vom Grundgedanken der Astrologie.
Vom Geheimnis der Atmung.
Die Periodik des Schicksals.
Alles verlieren heißt: alles finden.
Praktikum. Erläuterungen.
Selbstbefehle beim Kauen und Schlucken.
Fünfter Brief **96**
Eine Warnung, welche Du ernst nehmen sollst.
Lerne schweigen! Das aktive und das passive Schweigen! Täglich eine Stunde Redekarenz! Praktische Anwendung.
Das Glück des Hungerns.
Ein Fastenmonat! Praktische Anwendung.
Dein Weg zu Dir – Dein Weg zu Gott.
Die Söhne des Urlichts.
Der geistige Atem.
Die Erweckung des höheren Ich.
„Selig sind, die reinen Herzens sind!"
Wortmysterien. Die Seele der Vokale.
Das Heilige OM und seine Praxis. Praktikum. Erläuterungen.
Sechster Brief **127**
Imprägniertes Wasser.
Die Zentrifugalübung. Die Unendlichkeitsübung.
Höhere Spiegelübung.

Die Verzinsung der Gedanken.
Hilf Dir selbst. Die Entäußerungsübung.
Die Geheimnisse des Namens. – Namen-Magie. –
Vollkommene und unvollkommene Namen.
Vom Schicksal der Gestorbenen.
Die Herz Gottes-Andacht.
Die Sonnenatmung. Sonnenmeditation.
Vom geistigen Wandern.
Die kosmische Frage.
Der Glaube als Willenspotenz.
Die Pilgerfahrt.
Der Kerzen-Psalm.

Siebenter Brief 152
Vom Doppelgesicht des Menschen.
Das Gleichnis der Glieder.
Symbolik von Fuß und Hand.
Die Mystik des weißen Lichtes.
Der siebenarmige Leuchter.
Vom alten und vom neuen Adel.
„Ich bin das A und das O".
Vom Werte des Händefaltens.
Von GOTTES Zweigestalt.
Die Welt als Liebesmysterium.
Mann und Weib in Dir.
Die mystische Liebe.
Die hochheilige Drei.
Die Kreuzübung „Das lebendige Wasser".
Was „Weihnachten" will.
Die Macht des Verzichtes.
Die Lehre vom geistigen Vakuum.
Zwei Weltalls-Meditationen.
Die Sternen-Atmung.
Mitternachts-Kommunion.

Nachwort und Aufruf. 173
Nachwort des Verlegers 177

Dr. Lomers Lehrbriefe

zur geistigen Selbstschulung

Briefe zur Entwicklung geheimer Seelenkräfte

Erster Brief

„Mache Dich auf, werde Licht!"

Einführung.
Zielsetzung.
Das Verfahren.
Bilanz und Umstellung.
Grundregeln der ersten Stufe.
Die praktischen Übungen des „ersten Monats".

Einführung

Diese Briefe, mein Leser, sollen Dich lehren, Deine feineren, höheren, geheimen Kräfte zu erkennen, zu wecken, zu entwickeln, zu benutzen. Der „natürliche", d. h. ungeweckte, unerwachte Mensch gleicht einem Felsen, an den noch nicht die Rute schlug, die das lebendige Wasser hervorbrechen läßt. Bei dem einen wirken schwere Erlebnisse, Lebenskatastrophen als solche Rute, bei dem anderen führt gute Beobachtungsgabe, nachdenkliche Versenkung in die Vorgänge des praktischen Lebens, Verfolgung fremder Schicksale auf lange Sicht früher oder später ein solches Erwachen herbei. Viele aber verharren bis zu ihrem leiblichen Tode bei der kindlichen Meinung, daß der Mensch nichts als ein etwas höher entwickeltes Tier sei, dessen Aufgabe und Zweck sich in Essen, Trinken, Kinderzeugen und Geschäftemachen erschöpfe. Die Grenzscheide zwischen Tier und Mensch, mein Leser, führt in Wahrheit mitten durch die heutige Menschheit hindurch.

Du brauchst Dich nur umzusehen, um diesen Satz bestätigt zu finden. Du siehst Füchse und Schakale, Geier und Pfauen, Raubkatzen und Kühe, aber wenig Menschen. Du siehst diese Tiere mit allen Tierinstinkten, durch alle Gesellschaftsklassen, in allen Berufen, es gibt da äußerlich keine Scheidung. Du siehst sie zuweilen in Ehren und Machtstellungen und wunderst Dich dann nicht mehr, warum so mancherlei Gerichts- und Geschäftspraxis einem Verbrecheranschlag, warum die „hohe Politik" gar so sehr einem Narrentanz gleicht. Prüfe die Motive und Du findest – das Tier.

Laß Du diese Briefe auf Dich wirken. Vielleicht, daß sie bestimmt sind, als weckende Rute an Dein Herz zu schlagen, dem höheren, dem „eigentlichen" Menschen in Dir freie Bahn zu schaffen. Ich verlange nicht, daß Du irgend etwas mir auf die bloße Versicherung hin glaubst. Du hast Deinen Verstand empfangen, um ihn anzuwenden. Bei allem, was in diesen

Briefen geraten und angeordnet wird, hast Du ein Recht zu wissen: wozu.

Immerhin ist es nötig, daß wir von einer gemeinsamen Grundlage ausgehen. „**Gib mir einen Punkt im Weltall,**" sagte Pythagoras, „**wo ich stehen kann, so will ich die Erde aus den Angeln heben!**" Gleicherweise brauchen auch wir, um zusammen gehen und ans Ziel gelangen zu können, einen festen Ausgangspunkt. Hältst Du eine Farbe für blau, die ich für grün ansehe, so werden wir uns beim Einkauf eines grünen Stoffes nie einig werden — Du würdest meinen Vorschlag weder verstehen noch annehmen. Und hier handelt es sich um mehr, als um den Einkauf eines belanglosen Stoffes.

Laß uns also zunächst folgende Erwägungen anstellen und sieh zu, ob Du meiner Darlegung zustimmen kannst. Wenigstens in den Hauptlinien ist dies unbedingt erforderlich, an Kleinigkeiten des Ausdrucks usw. stoße Dich nicht.

Wenn ich einen Tisch vor mir habe, so weiß ich, er ist nicht etwa „von selbst" entstanden, sondern ein Tischler oder doch ein Mann, der sich auf Tischlerarbeit verstand, hat ihn gemacht. Wenn ich ein Kunstwerk betrachte, etwa ein Gemälde, so weiß ich, es ist nicht „aus sich selbst" da, sondern aus der Hand eines schaffenden Künstlers hervorgegangen.

Wenn ich die Welt als Ganzes ansehe, so sage ich mir in gleicher Weise: sie kann nicht „aus sich selbst" da sein, sondern es muß etwas geben, das sie ursprünglich gemacht, geschaffen hat. Wie ein Uhrwerk auf den Uhrmacher schließen läßt, so muß auch vom wundervollen bewegten Organismus des Weltganzen auf den Weltgründer und Weltbeweger geschlossen werden, wobei es ganz belanglos bleibt, ob man sich dieses „Etwas" als sachlich oder persönlich vorstellt. Unter allen Umständen kann es sich nur um eine Sache, größer und gewaltiger als alle „Sachen", um eine Person, größer und mächtiger denn alle „Personen", handeln. Denn immer steht der Künstler als solcher über dem Kunstwerk.

Einigen wir uns darüber, diese schaffende, gestaltende und

erhaltende, unter Umständen aber auch wieder zerstörende Kraft als den „Geist" zu bezeichnen, so gewinnen wir damit die gesuchte, gemeinsame Grundlage.

Es liegt nun auf der Hand, daß dieser weltenschaffende und beherrschende Geist *in jedem seiner Einzelgeschöpfe* vorhanden sein muß, hält er sie doch ständig am Leben und offenbart sich und seine Gesetzmäßigkeit durch ihre Vermittlung. Statt von der „Weisheit unseres Leibes", wie manche neueren Forscher, sollte man lieber von der Weisheit in unserem Leibe sprechen. Wenn ich ein Musikstück höre, rühme ich ja auch nicht die Schönheit der Tasten, sondern die Kunst des Spielers, der sich der Tasten nur bedient, um seinen vorgefaßten Absichten Ausdruck zu geben. Diese Absichten aber bestehen – daran zweifelt kein Hörer oder Musikverständiger – in der Hervorbringung und Lautmachung gewisser Harmonien, rhythmischer Zusammenklänge, die sein und Dein innerstes Entzücken bilden.

Wende dieses Gleichnis auf Deinen gesamten Organismus an. Auch hier will der Spieler, der Geist, Harmonie und Zusammenklang. Das Herz schlägt, die Lunge arbeitet, die Blutkörperchen jagen durch die Gefäße nach bestimmten rhythmischen Gesetzen, die nicht Du, d. h. nicht Dein bewußter Wille ihnen gegeben hat. Deine ganze Lebensführung, Lebenseinteilung vollzieht sich in bestimmten Taktmaßen – Schlafen und Wachen, Jugend und Alter usw. – die nicht Du, d. h. nicht Dein Dir bewußter Wille festsetzte. Ja, auch Dein äußeres Schicksal zeigt, wenn Du sie sehen gelernt hast, eine unverkennbare Rhythmik, Flut und Ebbe wiederkehrender Erlebnisse und Gestalten. Kurz, Dein ganzes Dasein ist in das Schwungrad des Allgeschehens, in den lebendigen „Atem Gottes" eingegliedert, ohne Dein bewußtes Zutun, vielfach selbst ohne daß Du davon erfährst. Mit einer, doch hochwichtigen Ausnahme:

Sobald Du die das Allgeschehen regelnden Harmoniegesetze irgendwie – bewußt oder unbewußt! – verletzt (falsche Behandlung des Körpers, Verstöße gegen eine Menschengruppe, der Du eingegliedert bist, Verbrechen usw.) trägst Du selber die – oft höchst peinlichen – Folgen. Trägst sie in Gestalt von Krankheiten, äußeren Konflikten, Lebenskatastrophen. Dieses große Gesetz von Ursache und Wirkung waltet unerbittlich und unbestechlich. Es läßt sich nur dadurch mit Deinem kleinen Sondersein versöhnen, daß Du es erkennst und bewußt auf Dich und Dein Leben anwendest. Der Geist, der Dich geschaffen und gestaltet hat, weiß, wozu Du ihm dienen sollst; kennt nicht jeder Uhrmacher sein Werk und hat jedem Rädchen eine bestimmte Rolle im Gesamtwerke zugeteilt? An Dir ist es, diese Zweckabsicht – so gut Du kannst – herauszufinden, herauszufühlen, um sodann Dein ganzes Leben in den Dienst dieses in Dich hineingelegten Leitgedankens zu stellen. Nur der Gaul, der die ihm gesetzte Hürde im Sprunge nimmt, bekommt (und braucht) die Peitsche nicht mehr.

Jede Maschine hat ihre Steuerung, so auch Dein Organismus – im weitesten Sinne verstanden. Er hat eine besondere Steuerung für jeden seiner verschiedenen Hauptzwecke, und es ist nötig, daß Du sie kennst, um sie in jedem Falle richtig bedienen zu können.

Zuvor ein paar Worte über den Aufbau der Materie. Nimm an, sie bestehe aus Elektronen, dem Grundstoff der Elektrizität – so hast Du eine ungefähr richtige Vorstellung. Jedes Atom eines Elementes besteht aus einem positiven Kern, der von negativ geladenen Elektronen in Ellipsen umkreist wird, – der Kern die Sonne, die kreisenden Elektronen die Planeten – ist also ein Planetensystem im Kleinen. Dein sichtbarer Körper, der aus Milliarden von Atomen besteht, ist demnach ein Kosmos, der durch einen einheitlichen Willen zusammengehalten und gesteuert wird. Die Planetenschwingungen in diesem Kosmos sind verhältnismäßig langsam, darum sind sie den einfachen Sinnen wahrnehmbar.

Um Störungen in diesem kunstvollen Betriebe bequem ausgleichen zu können, hat sich der regelnde Geist nun nach Künstlerart ein Modell geschaffen, das dem physischen Körper eingegliedert und unter gewöhnlichen Umständen unsichtbar ist – den **fluidischen oder feinstofflichen, zweiten Leib des Menschen** –. Auch er besteht aus Elektronen, die aber weit rascher um ihre Sonnenzentren schwingen. Beide Körper werden durch elektro-magnetische Kräfte zusammengehalten.

Unter gewissen Umständen kann dieser fluidische Leib ganz (im Tode) oder teilweise aus dem physischen Körper heraustreten und hellsichtigen Menschen sichtbar werden (Phantomerscheinungen und Spukvorgänge usw.). Ja, es kommt in seltenen Fällen vor, daß er – durch eine Art Verdichtungsprozeß – auch den physischen Sinnen sichtbar und fühlbar wird.

Die von neueren Forschern, wie Dr. von Schrenck-Notzing, Grunewald, Dr. Geley und anderen beobachteten und lichtbildlich, sowie im Film festgehaltenen, durch Medien erzeugten Erscheinungen fluidischer Teilglieder und Ganzgestalten, ihre „telekinetischen", d. h. fernwirkenden Lebensäußerungen usw. sind nichts anderes als Umformungen des ausgetretenen Feinkörpers. Stets bringt eine solche Trennung beider Körper gewisse – sei es auch nur vorübergehende – Schädigungen des gesundheitlichen Befindens der betreffenden Medien mit sich; das wird durch die eigenartigen wehenartigen Begleiterscheinungen des Trennungsvorganges und die zuweilen recht schweren Erschöpfungszustände danach bewiesen. Stets auch gehen diese Dinge nur unter wenigstens teilweisem Verlust des Tages- oder Wachbewußtseins, nämlich im sog. Trancezustande vor sich, woraus sich ergibt, daß unser **Wachbewußtsein** auf einer Zusammenarbeit beider Körper beruht. Erst diese Zusammenarbeit aktiviert die Sinnesorgane und läßt den Menschen durch sie mit der Außenwelt in Verbindung treten.

Das Verbindungskabel, die Lötstelle beider Kraftsysteme ist das sogenannte sympathische Nervensystem, eine hochwertige selbständige Nervenzentrale, deren Hauptganglien hinter den Bauchorganen liegen.

Für sich allein lebt der fluidische Körper im Reiche des

„**Unterbewußtseins**", wie es uns z. B. in Gestalt vieler Träume offenbar wird. Dieses Unterbewußtsein ist die Linse, mittels deren der Mensch auch Vorgänge wahrzunehmen vermag, die seiner Sinneswahrnehmung verschlossen bleiben. Auf niederen Entwicklungsstufen beschränkt sich diese Fähigkeit auf die Wahrnehmung körperlicher Funktionsstörungen und dergleichen mehr, im Symbolbilde. Auf höheren dagegen kann der fluidische Leib zum wertvollen Vermittler übersinnlicher Erkenntnisse in Gestalt von Fernvorgängen und anderen Dingen werden.

Eigenen Willen besitzt der fluidische Körper nicht, vielmehr gehorcht er jedem befehlenden Einfluß, der auf ihn in genügender Stärke wirkt. Mag derselbe nun von demselben Individuum ausgehen oder von einem anderen (wie z. B. bei der Suggestion, oder in der Hypnose, wo durch anderweitige Beschäftigung der Sinne die Aufmerksamkeit des Hypnotisierten abgelenkt und der Wille und die Vorstellung des Hypnotiseurs an die Stelle des eigenen gesetzt werden).

Von wo wird nun der Wille gespeist, der sich für gewöhnlich in unseren beiden Körpern, dem gröberen und feineren, auswirkt? Je mehr ein Mensch sich im tierischen Urzustand befindet, desto mehr ist der Motor aller seiner Handlungen im Triebhaften zu suchen. Der Selbsterhaltungs- und der Geschlechtstrieb (Hunger und Liebe) und alle damit verbundenen leidenschaftlichen Tendenzen regieren den elementaren Menschen, der freilich im höheren Sinne überhaupt noch nicht „Mensch" genannt werden darf. Es sind das ungeheuer starke Kräfte, deren Hauptträger im Gesamtkörper die mit gewaltigen elektrischen Energien geladenen roten Blutkörperchen sind. Ihre Hauptsammelspeicher aber sind die Geschlechtsdrüsen, beim Manne die Hoden, beim Weibe die Eierstöcke. Diese Urtriebe haben den Menschen umso hemmungsloser in der Gewalt, je tiefer er steht, und selbst, was wir mit stolzem Augenaufschlag als „Intellekt" zu bezeichnen pflegen, steht zu sehr erheblichem Teile in ihrem Dienste.

Der Fresser und Säufer, der sein Hirn dazu mißbraucht, immer neue, noch nicht genossene Gaumenreize auszutüfteln, der Wüstling, der nur für seinen Geschlechtskitzel lebt — was sind sie anderes als Bedienstete ihres Blutes, als Schürer eines Feuers, das letzten Endes seinen Schürer vernichtet! Aber auch der „Geschäftemacher", der diese Betätigung für den Sinn des Lebens hält, der im Aufhäufen toter Dinge um sich herum seine ganze Bestimmung sieht, verurteilt sich letzten Endes mit diesen vergänglichen Dingen selbst zum Tode. Das bekannte „groß geschriebene Verdienen" ist ja auch nichts anderes als ein – sozusagen erweitertes – Fressen! Noch dazu ein solches, an dem sich der Mensch recht gründlich den Magen verderben kann. Die Denkkraft, die er für diese Dinge opfert, muß darum als „niederes" oder elementares Denken bezeichnet werden.

Auch das **Denken** ist, dies mußt Du wissen, **ein elektrischer Vorgang**, der sich in einer äußerst plastischen Feinsubstanz, einer Modifikation des Äthers abspielt. Aus dieser, für unsere Schulung sehr wichtigen Kraftsubstanz bilden sich alle Gedankenformen und Vorstellungsbilder. Noch einmal also: alle Denkvorgänge, die den Trieben im engeren oder weiteren Sinne dienen, sind – als nur auf die gröbsten Interessen des Denkenden gerichtet – niederes Denken.

Fassen wir diese vier Dinge noch einmal zusammen: den grobstofflichen, physischen, den feinstofflichen, fluidischen Körper, die Kraft des Trieblebens, die niedere Denkkraft – so haben wir in diesen mehr oder weniger zusammenarbeitenden Kräften die niedere Vierheit vor uns, deren letztere drei Teile **die Seele des Menschen in ihrem sterblichen Teile bilden.**

Es ist notwendig, daß Du, mein Leser, Dir diese Dinge recht genau einprägst; sie sind die Grundlage unseres späteren Vorgehens.

Halte daran fest, daß dieser Teil der Seele, des organisierenden Prinzips in uns, eine bewußte Unsterblichkeit nicht besitzt. Er dient ausschließlich dem Diesseitsleben, und sobald dieses sein Ende gefunden hat, bedarf es natürlich auch keiner Zentrale mehr, die es leitet. Geht Dein gesamtes Ich in den engen Interessen Deiner Person auf – nun, so fällt es notwendigerweise mit eben dieser Person. Dies der Sinn des Satzes: „Wer sein Leben erhalten will, der wird es verlieren."

Wir müssen aber auch an seine Fortsetzung denken, die da lautet: „Wer es jedoch verliert um meinetwillen, der wird es finden!" – Was heißt das: „Um meinetwillen"!?...

Man muß wissen, daß der Geist den Menschen nicht nur für sich allein geschaffen hat. Er hat ihn unter Tausende anderer Wesen gestellt, damit er aus der Vielheit eine höhere Einheit erkenne, in deren Auftrage er als Sonderwesen bestimmte Aufgaben zu erfüllen hat, um endlich – wenn sie gelöst sind – bewußt in ihren Schoß zurückzukehren. Inmitten eines gewaltigen Kosmos sichtbarer und unsichtbarer Kraftkreuzungen stehend, braucht er einen Kompaß, um sich in ihnen zurechtzufinden. Und dieser Kompaß ist ihm in Gestalt seines höheren, ewigen Wesensteiles gegeben.

Lebt er durch seinen physischen Körper in der Sinnenwelt, durch den fluidischen Körper, wenn er unentwickelt ist, in der niederen Astralsphäre des Unterbewußtseins, so besitzt er daneben und darüber hinaus die Möglichkeit, vermittels höherer, ihm gegebener Kraftzentren, hier wie dort in andere, höhere Lebens- und Wirkungskreise aufzusteigen. Es sind die Zentren, die ihn mit der Volks-, Rassen-, Menschheits-, ja endlich der Weltseele in Verbindung bringen. Zentren, die in ihm freilich nur im Keime vorhanden und bei den meisten Menschen nur zum allergeringsten Teile entwickelt sind. Ja, viele sind sich ihres Vorhandenseins überhaupt noch nicht bewußt und lassen eine Anlage verkümmern, die erst ihren eigentlichen höheren Menschenwert ausmacht.

Im Denkprinzip, in der Denkkraft finden wir die Brücke zu dieser höheren und feineren Essenz unseres Wesens. Sie äußert sich als höheres, mehr abstraktes Denken, als **objektive**

Selbsterkenntnis, sittlicher Wille, geistig-schöpferische Gestaltungskraft, Ahnungsvermögen, Gewissen.

Es liegt in ihrem Wesen, daß in ihr ein **höheres Ich-Bewußtsein** beschlossen liegt, das weit über dem mehr tierischen Ich-Bewußtsein der niederen Vierheit steht und den ersten Schritt ins Über-Individuelle tut. Noch hoch über dieser Denkqualität liegt sodann die Phase der **reinen Erleuchtung** – eine Bewußtseinsstufe, wie sie in Christus lebendig war und in jedem, der den Weg der Geheimschulung beschreitet, lebendig gemacht werden soll. Damit ist eine Wahrnehmungs- und Wissenserweiterung gegeben, die – auf raschesten Schwingungen des Urätherstoffes beruhend und in der Fähigkeit der „Schauung" wurzelnd – den Menschen aus den Schranken der engen, todgeweihten „Persönlichkeit" heraushebt und ihn an Wirkungsmöglichkeiten teilhaben läßt, die ihn in den Kreis der einst so genannten „Götter" heben.

Es ist die Aktivierung des in ihm latent vorhandenen göttlichen Genius, um die es sich hier handelt. Höheres Denken und Erleuchtung sind die Stufen, die zu ihm hinanführen. Zwei Bewußtseinsqualitäten, die als die reinsten Ausstrahlungen des höchsten und siebenten Prinzips in uns, nämlich des kosmischen Bewußtseins bezeichnet werden können, mit dem zusammen sie die höhere Dreiheit im Menschen bilden. Dieser Göttliche Genius hat seinen Angriffspunkt in einem gewissen zentralen Teile des Gehirnes, den Du Dir am besten im Mittelpunkt des Kopfes vorstellst. Er ist der eigentliche Regent Deines Schicksals, stellt Dich an den Platz, wo Du hingehörst und bestimmte Erfahrungen sammeln sollst, schult Dich durch Schmerz und Leid für bestimmte Aufgaben, die Du erfüllen sollst und die in jedem neuen Leben wechseln; er ist Dein Warner und unfehlbarer Berater, wenn Du auf ihn zu hören gelernt hast. Er gibt Dir tiefstes Glück und Deiner Seele den Frieden, sobald sie sich seiner Leitung unterworfen hat. Er ist der Unsterbliche in Dir, der „Sohn Gottes", der von sich mit Fug sagen darf: „Siehe, ich und der Vater sind eins!"

Zielsetzung

Und nun, mein Leser – unser Ziel! Was erwartest Du von dieser Schulung? Beantworte Dir selber diese Frage gewissenhaft.

Erwartest Du leicht erringbare äußere Vorteile, die Dir vor Deinen Mitmenschen einen Vorrang sichern, ohne allzu starke Ansprüche an Dich selber zu stellen? Willst Du glänzen durch ein geheimes Können, das andere zu Deinen Gunsten benachteiligt? Willst Du ein wertvolles Gut erhalten, ohne zu Opfern bereit zu sein? – Dann sind diese Briefe nicht für Dich geschrieben. Laß sie ruhen, geh Deinen Vergnügungen nach.

Wisse, das Gut, das sie bergen, kann nicht gekauft und verkauft werden; man muß es erarbeiten, man muß es selber werden. Der Weg zum Gral führt über die Leiche Deines alten „Ich". Wer wiedergeboren werden will, muß zuvor sterben gelernt haben. Bist Du dazu bereit? Hast „Du" den Ruf vernommen? Prüfe Dich. Es geht um ernste Dinge.

Dieser Lehrgang will nichts Geringeres als: den Gottmenschen in Dir bewußt und ihn zum Herrn Deines Lebens zu machen! – Das ist keine Angelegenheit, die man durch Denken und Studieren erreicht. Der schärfste Intellekt kann nicht verschaffen, was man innerlichst als Umwandlungsprozeß erleben muß – **erleben mit allen Schauern einer Neugeburt**. („So ihr nicht werdet wie die Kinder".)

Die „höhere Dreiheit" (Symbol: das rechtwinkelige Dreieck) soll also zur Offenbarung in der „niederen Vierheit" (Symbol: das Viereck) gebracht werden. Sie soll den „verweslichen", sterblichen Partner teilhaben lassen an seiner eigenen Allwissenheit, Allgegenwart und Ewigkeit. Sie soll die Seele verklären, sich wesensgleicher machen und ihr damit zur bewußten Unsterblichkeit und zu dem Grade der Allmacht verhelfen, dessen sie würdig ist. Denn je reicher, je höher entwickelt das Gefäß des Geistes ist, um so größer ist die Macht, die er auf

Grund dessen auszuüben vermag auf eine niederste, unvollkommenste Kristallisationsform: die grobe Materie. Mit dieser Tatsache hängt auch der beabsichtigte „Umwandlungsprozeß" zusammen, von dem vorhin die Rede war.

Das Verfahren

Es existiert im Reiche des Geistes ein Gesetz: ***Gleiches wird nur von Gleichem begriffen***. Nun ist aller Unterschied lediglich ein Unterschied der Schwingung. Die gröbsten, langsamsten Schwingungen des alle Dinge aufbauenden Urstoffes zeigt im Wesen des Menschen der physische Körper. Feiner ist der Fluidalkörper. Am feinsten das Höhere Selbst, und über alle Begriffe fein und rasch ist die Schwingung des kosmischen Bewußtseins, von dem ein altes Wort so treffend sagt: „Gott ist ein fressend Feuer!"

Um nun für die Einflüsse des Göttlichen Genius aufnahmefähiger zu werden, muß das niedere Ich systematisch emporgeläutert, zu höherer Schwingung gebracht, kurz: verfeinert werden. Erst wenn die Braut bereit ist, kommt der Bräutigam.

Wie weit das gelingt, hängt ab von der persönlichen Eignung des Schülers, vornehmlich von seiner inneren Ehrlichkeit und Aufrichtigkeit (denn „viele sind berufen, aber wenige auserwählt!"), ferner von seiner Ausdauer, denn jeder organische Entwicklungsprozeß braucht eine gewisse Zeit, um zu reifen. Und schließlich von der „Gnade", der „Liebe von oben"; denn der Genius kann nicht in jedes Gefäß herabgezwungen werden, sondern wählt sich selber seine Stätte.

Die übersinnlichen Reiche haben ihre Gefahren, und wer nicht mit Reinheit und Vollkommenheit gewappnet ist, der wird, trotz allen Suchens, den Zugang nicht finden. Er wird **nicht eingelassen**.

Was aber jeder Strebende unter allen Umständen erreichen kann, das ist ein Grad von Selbst- und **Schicksalsmeisterung**, der ihn aus der Schar der anderen Menschen heraushebt als adeligen Lebenskämpfer. Sicher ist schon dies eine Ziel des Schweißes der Edlen wert.

Es ist ja der Fehler jedes genußsüchtigen Zeitalters, die Bemeisterung des Lebens am falschen Ende anzufangen. Man will ein „Herrenleben" führen, indem man alle seine Triebe möglichst restlos befriedigt, sich gründlichst „auslebt"; man will die Welt, also andere Menschen beherrschen, ehe man noch gelernt hat, sich selbst zu meistern. Das ergibt dann jene Spottgeburten von „Herren", jene Narren im Geiste, die – auf Grund ihrer inneren, unüberwundenen Schwächen – im Tanze des Lebens immer wieder straucheln, sobald man sie da packt, wo sie sterblich sind – im Tierischen.

In Wirklichkeit beginnt jedes Herrendasein ausnahmslos mit der Beherrschung der eigenen Person. Ist uns doch der **Mikrokosmos**, die „kleine Welt" gegeben, damit wir an ihr das erste Exempel lernen; sie ist unsere nächstliegende Aufgabe. Ehe diese nicht befriedigend gelöst ist, greifen wir vergeblich nach höheren Zielen.

Über zwei Hauptpunkte werde Dir klar, ehe wir jetzt zur Praxis übergehen.

1. **Sprich zu niemand**, wer es auch sei, über Dein Vorhaben, geschweige denn über Einzelheiten des Verfahrens. Du würdest damit Kraftströme ausgeben, die Du für Dich selber sammeln sollst; auch möglicherweise feindliche Gegenströme auf Dich lenken, die Dir schaden und Dein Vorhaben gefährden können. Schweige selbst Frau und Nächststehenden gegenüber!

2. Sei Dir selber gegenüber von **absolutester Ehrlichkeit und Aufrichtigkeit**. Machst Du Dir etwas vor, beschönigst dies oder das, was Dir „peinlich" ist, so betrügst Du Dich selber und kannst nicht einmal das nächste Ziel erreichen. Die Kräfte, mit denen Du arbeiten willst, antworten Dir so, wie Du fragst. Auf eine verlogene, unehrliche Frage bekommst

Du auch nur eine ebensolche Antwort. Auf Treibsand kannst Du kein Haus errichten.

Anfangen kannst Du jederzeit. Jede Minute kann der Anfang eines neuen Lebens werden. Dies nämlich mache Dir klar: unsere Schulung ist kein Scherz, sondern die Umstellung des ganzen Lebens auf eine bestimmte, zweckvolle Richtung.

Hast Du aber einmal angefangen, so sollst Du den Lehrgang **nicht unterbrechen**, außer wenn Krankheit Dich zwingt. Tust Du es dennoch, so wirst Du dadurch stets weiter, als Du glaubst, zurückgeworfen und verlierst schwer errungene Vorteile, die nur mühsam wiederzugewinnen sind. Du verlierst also verhältnismäßig viel Zeit und hast unnütze Kraft geopfert.

Nach Auseinandersetzung mit diesen Punkten, laß uns ins **Praktikum** eintreten. Unser Lehrgang gliedert sich in eine Reihe von Stufen, die nacheinander zu durchlaufen sind. Jede Stufe ist auf einen Monat veranschlagt, doch kann sie bei Bedarf beliebig verlängert werden. Damit ist gemeint: *jede Stufe muß unbedingt restlos erledigt, durchgearbeitet, innerlich verdaut sein, ehe Du an die nächste gehen darfst*. Du errichtest sonst ein schwankendes Gebäude, das eines Tages zusammenbricht.

Keine Selbstschulung ohne Selbsterkenntnis! Über die Übungen der 1. Stufe schreiben wir daher die Stichworte: **Bilanz und Umstellung.** Du sollst jetzt das Fazit Deines bisherigen Lebens ziehen. Damit beginnt für Dich ein neuer Lebensabschnitt. Beachte folgende

Grundregeln der 1. Stufe:
1. Meide Alkohol und Nikotin!
2. Meide die Geschlechtsbefriedigung in jeder Form!
3. Steh jeden Tag rund 5 Minuten früher auf!
4. Mach täglich eine Geduldübung!
5. Nimm täglich die Selbststeinigung vor!
6. Jeden Abend eine Kritik des Tages und Plansetzung für den nächsten Tag!
7. Vor dem Schlafengehen eine Reinigungswaschung.

Das wären also 2 negative Übungen („Was du nicht sollst") und 5 positive Übungen („Was du sollst"). Richte Dich hierbei nach folgenden Erläuterungen. Die Entwöhnung ist für die ganze Schulungsdauer unbedingt notwendig, damit:

(1) Körper und Geist, denn beides hängt zusammen und beeinflußt sich gegenseitig, gründlich entgiftet werden. Nur in einem gereinigten Organismus kann ein gereinigter Wille wachsen. Wein und Branntwein sind unbedingt und vom ersten Tage an verboten. Bist Du sehr an sie gewöhnt, so ersetze sie zunächst durch Bier. Innerhalb vier Wochen aber mußt Du auch davon gelassen haben. Bist Du sehr an Bier gewöhnt, so beschränke den Verbrauch zunächst auf die Hälfte, nach 14 Tagen auf ein Viertel, nach 3 Wochen sei ganz frei.

(2) Jeder Geschlechtsverkehr schwächt Dich, und Du brauchst jetzt alle Deine Kräfte für höhere Zwecke. Auch die geschlechtliche Befriedigung durch erotische Gedankenspiele ist zu unterlassen, sie schwächt erfahrungsgemäß fast ebenso wie der reale Verkehr, manche Menschen sogar weit mehr. Meide sinnliche Lektüre und Gespräche, höre keine Zoten und dergl. mit an. Kommt es zu nächtlichen Samenergießungen, ohne Dein Zutun, so mache Dir darum keine Sorgen. Es ist die gegebene Form, in der sich die Natur von einem Überfluß befreit: sie stößt in der Regel nur soviel aus, als sie entbehren kann. Nur wo die Zahl solcher Ergießungen zu groß wird, liegt ein krankhafter Überreizungszustand zugrunde; betrachte etwa 2 mal wöchentlich als die gesunde Grenze. Wird sie überschritten, so suche einen Arzt auf oder versuche durch Anwendung kühler Sitzbäder vor dem Schlafengehen auf die Fruchtbarkeitszentren einzuwirken. (Bei den meisten Menschen pflegen solche Ergießungen jedoch weit seltener aufzutreten.)

(3) Den ersten Tag also z. B. 5 Minuten vor 7 Uhr, den nächsten 10 Minuten vor 7 usw. In vier Wochen bist du dann bei etwa anderthalb Stunden Früheraufstehen angelangt. Bediene Dich die ersten Male eines Weckers oder laß Dich wecken. Nach etwa einer Woche nimm Dir abends beim Ein-

schlafen vor, zur rechten Zeit wach zu sein. Habe volles Vertrauen, so gelingt Dein Vorhaben sofort oder an einem der folgenden Tage. Du erleichterst Dir das Gelingen, wenn Du zeitig zu Bett gehst.

(4) Ich empfehle Dir folgende zwei Übungen:

a) Die „Erbsenübung".

Nimm eine tüchtige Hand voll (am besten: gelber) Erbsen und streue sie derart durchs Zimmer, daß sie sich im ganzen Raume verteilen. Dann knie Dich hin und sammle sie auf einen Teller. Dies hat in **voller Gemütsruhe** zu geschehen, ohne jede Regung von Ungeduld, also langsam und frei von Hast. Tritt einmal eine ungeduldige oder unwillige Regung auf, so halte solange mit Sammeln ein bis Du sie restlos überwunden hast, dann erst sammle weiter. Du mußt dahin streben, daß es zu solchen Regungen gar nicht erst kommt. Du mußt sie also im Keime ersticken, noch besser: Dir gleich anfangs vornehmen, von ihnen freizubleiben.

b) Die Stillsitz-Übung:

Setze Dich in einem ruhigen Zimmer so auf einen Stuhl, daß Dein Blick auf eine Uhr fällt. Ist keine Wanduhr vorhanden, bringe Deine Taschenuhr in der Nähe von Dir an. Nun setze Dich, ohne Dich irgendwie anzulehnen, straff hin, die Hände auf den Knien. Fixiere die Uhr und **rühre keinen Muskel**. Achte peinlichst darauf, daß auch nicht ein Muskelfäserchen an Dir zuckt oder sich sonstwie regt. Auch der Rumpf hat völlig bewegungslos zu bleiben. Mach den Versuch, auch das Zucken der Augenlider zu unterlassen; doch schadet es nichts, wenn Dir dies noch nicht gelingt.

Erstmalige Dauer: 1 Minute, jeden zweiten Tag eine Minute länger, also am 3. und 4. Tag 2 Minuten, am 5. und 6. Tag 3 Minuten usw. Nach 14 Tagen sollst Du also bei einer Dauer von 7 Minuten angelangt sein. Am besten machst Du diese beiden Übungen abwechselnd einen um den anderen Tag;

heute die Erbsenübung, morgen die Stillsitzübung. Beste Zeit: frühmorgens.

(5) Die Selbst-Steinigung oder das **Selbstgericht** soll auf Grund möglichst genauer Durchforschung des bisherigen Lebens geschehen. Du willst feststellen, wo überall Du falsch gehandelt hast. Überdenke, an einem ruhigen Platze sitzend, die einzelnen Phasen Deines Lebens. Nimm einen Zeitabschnitt nach dem anderen vor. Mache Dir Notizen. Berücksichtige folgende Hauptpunkte:

Was war Dein Leitmotiv hier oder da? Die Richtlinie Deiner Entschließungen? Wo hast Du böse gehandelt gegen Eltern, Erzieher, Geschwister, Freunde, Bekannte, Verwandte, Vorgesetzte, Behörden? Beantworte einen Punkt nach dem anderen. Nenne alles beim richtigen Namen, erlaß Dir nichts. Nur die Fehler sollst Du berücksichtigen. Findest Du keine, überdenke alles noch einmal! Du mußt durchaus welche finden, denn niemand ist fehlerlos. Suche auch zu erkennen, welche Folgen Dein Verhalten für Dich und andere gehabt hat. Erinnere Dich! Kein falsches Mitleid mit Dir selber! Kein Verteidigen oder Beschönigen!

Hast Du eine Reihe von Punkten gefunden, so halte sie Dir selber laut oder halblaut vor, wie ein Richter oder Ankläger zu Dir sprechen würde. Gebrauche scharfe, harte Ausdrücke!

Nimm jeden Tag einen neuen Lebensabschnitt vor. Die ältesten, längst „verjährten" Dinge sind ebenso wichtig wie die letztvergangenen. Bist Du fertig, so beginne eine neue Runde, Du wirst in den bereits durchgegangenen Zeitabschnitten neue Schuldpunkte entdecken!

Opfere täglich eine halbe Stunde für diese Übung, am besten früh morgens, im Anschluß an die Geduld- oder Stillsitzübung.

Eine wesentliche Hilfe erwächst Dir für diese hochwichtige Aufgabe, wenn Du Dir eine einwandfreie graphologische Charakteranalyse Deiner Handschrift machen läßt. Am besten durch einen Graphologen, den Du nicht persönlich kennst. Mache ihn aufmerksam, daß Dir daran liegt, ein möglichst scharfes Urteil über Deine Schrift zu bekommen, daß er Dich also nicht zu schonen brauche, sondern den wahren Kern Deines Wesens mit allen Schwächen herausschälen solle.

Bist Du graphologisch erfahren, so kannst Du natürlich selber diese Analyse vornehmen; doch ist es immer richtiger, hier ein fremdes Urteil zu hören. Weißt Du keinen guten Graphologen, so kannst Du Dich an mich wenden. Es ist aber nicht unbedingt erforderlich, dieses Erkenntnismittel, so gut es auch ist, anzuwenden. Du kannst vielmehr versuchen, es auf folgende Art zu ersetzen:

Für den Spiegel der Schrift nimm den Spiegel der Menschen. Wie spiegelst Du Dich in der Meinung Deiner Mitmenschen? *Beginne mit Deinen Feinden und Widersachern*. Nimm einen nach dem anderen vor, überlege Dir, was sie von Dir denken, und wie sie zu ihrer Ansicht gekommen sind. Verschanze Dich nicht hinter der Ausflucht: „Wie kann ich das wissen?!" Denn Du kannst es wissen! Hinter jeder Feindschaft birgt sich ein realer Kern, den sollst Du herausschälen. So manche Lawine, die Dich in Gefahr brachte, hast Du selber ins Rollen gebracht! Mangelnder Beherrschung entsprang sie hier, dort einer zweideutigen Handlungsweise.

Geh dann zu Deinen Geschäfts- und Berufsfreunden über. Hat nicht mancher Dir schon einmal „die Wahrheit gesagt"? Vielleicht hat er übertrieben. Den berechtigten Kern aber sollst Du erfassen, er spiegelt Dich Dir selber. Schließlich nehme Deine nächsten Verwandten und intimsten Freunde vor. Was sagt Dein Bruder, Deine Schwester, Deine Frau von Dir und Deinem Wesen? Suche die Fehler heraus, die sie an Dir fanden: nicht das Gute – das weißt Du sowieso.

Laß Dir für alle diese Dinge Zeit. Jeden Tag nimm etwas. Immer notiere die Hauptpunkte, die Du gefunden hast; sie ergeben am Schluß ein klares Übersichtsbild.

Endlich gibt es noch ein letztes gutes Erkenntnismittel, das ist Deine Hand. Die Hand des Menschen ist die **Wetterkarte**, die sehr deutlich zeigt, aus welcher Ecke die Stürme Deines Lebens kommen; sie spiegelt in Form und Liniengestaltung die Gefahrpunkte Deiner Entwicklung, die Jahre, in denen es heißt: *die Zähne zusammenbeißen*, sowie das Maß der Kräfte, die sich in Deiner Person kristallisiert haben. Du erfährst klar und genau, worauf Du bei Deiner Selbstentwicklung besonderes Gewicht zu legen hast.

Willst Du von dieser Möglichkeit Gebrauch machen, so wende Dich an einen guten Chirologen (nicht zu verwechseln mit den annoncierenden Scharlatanen) es gibt in Deutschland einige! – und stelle ihm die nötigen Unterlagen zur Verfügung (Tintenabklatsch der Handinnenfläche nebst Fingern, Darstellung der äußeren Fingerformen). Am besten ist natürlich der persönliche Besuch.

Ehe die Selbstentwicklung recht in Fluß gebracht werden soll, ist es erforderlich, **die eigenen Grenzen zu erkennen**. Jeder Mensch kann, im Bereiche eines Lebens, nur bis zu einer gewissen Höchststufe entwickelt werden, die vorausbestimmt ist.

Handschrift und Hand können natürlich auch mit Hilfe guter Lehrbücher von Dir selber analysiert und beurteilt werden; doch ist das keine Angelegenheit kurzer Zeit. Um ein guter Graphologe oder Handleser zu werden, bedarf es nicht nur besonderer Eignung, sondern eines vieljährigen praktischen Studiums.

(6) Jeden Abend setze Dich für kurze Zeit abseits, möglichst ins Dunkle. Rufe Dir alle Vorgänge und Erlebnisse des Tages ins Gedächtnis zurück, die Menschen, die Worte, die Handlungen. Stelle fest, wie Dir die heutigen Übungen gelungen sind. Stelle fest, was Dir nicht oder mangelhaft gelungen ist. Lege ein **Tagebuch** an, in das Du die Ergebnisse Deiner Rückschau langsam und sorgfältig einträgst. Gehst Du richtig vor, so hast Du den ganzen Monat vollauf mit dieser systematischen Selbsterkenntnis zu tun. Solltest Du – wider Erwarten

– vorher mit der Runde fertig geworden sein, so wiederhole sie in derselben Weise noch einmal.

Die erkannten Fehler fasse in kurzen, prägnanten Leitsätzen oder Stichworten zusammen. Hierauf stelle jeweils den Plan für den nächsten Tag auf. Am besten schriftlich. Vermerke dabei auch Deine Absicht, die Mängel – soweit sie erkannt sind – im Laufe des kommenden Tages und der folgenden abzulegen und früher gemachte Fehler künftig zu vermeiden. – **Schreibe das in Befehlsform nieder!**

(7) Vor dem Schlafengehen nimm eine **Reinigungswaschung** in der Weise vor, daß Du mit der Waschung von Oberkörper und Gesicht die scharf umrissene Vorstellung zu verbinden suchst: „Wie jetzt das Wasser allen Leibesschmutz fortnimmt, so reinigt mein Wille mich von allem Schmutz der Seele! Jeden Tag mache ich Fortschritte!"

Es ist praktisch, mit den einzelnen Handbewegungen den Gedanken an einzelne, inzwischen erkannte Fehler und Mängel zu verbinden. Du hast z. B. erkannt, daß Du zu Geiz, zu Unpünktlichkeit, zur Lüge neigst. So denke beim Waschen: „Mit dieser Handbewegung nehme ich den Geiz, mit dieser die Lüge, mit jener die Unpünktlichkeit weg!"

Anfänglich wirst Du das mit voller Aufmerksamkeit ausführen. Nach einiger Zeit geschieht es ganz von selber, mehr mechanisch, und dies ist erlaubt, ja, bis zu gewissem Grade erwünscht. Du fügst auf diese Weise die gewollte Tendenz den organisierenden Kräften Deines Inneren sehr wirksam ein.

Die Hauptsache ist nur, daß es regelmäßig geschieht, *und daß Deine Gedanken währenddem nicht bei anderen Dingen weilen*, welche es auch immer sein mögen.

Die Einteilung Deines Schulungstages soll sich im ersten Übungsmonat demnach also folgendermaßen gestalten:

Aufstehen nach Vorschrift
Vormittags:
Geduldübung im Wechsel, Selbst-Steinigung.

Abends:
Tageskritik und Plansetzung, Reinigungswaschung.
Ist der „Monat" herum, so frage Dich, was Du erreicht hast und ob das Erreichte den Vorschriften entspricht. Ist letzteres noch nicht der Fall, so übe weiter, bis der Erfolg da ist. Erst dann geh zu den Übungen der zweiten Stufe über, vorher sind sie für Dich zwecklos.

Zweiter Brief

„Mache Dich auf, werde Licht!"

Deine besondere Sendung.
Der Mahnzettel.
Die Umarbeitung des Charakters.
Das Denken, „beseelte Elektrizität."
Der Gedanke – ein Kraftsystem im kleinen.
Jeder Gedanke will „Wirklichkeit" werden!
Tod durch Gedankenwirkung.
Die Bausteine des Denkens.
Die Quellen der Gedankenkraft.
Die Wunschkraft - Dein Motor.
Das obere und das untere Licht.
Wirkungen der Askese.
„Sei Herr in Deinem Hause!"
Erläuterungen.

<<>>

Deine besondere Sendung

Wenn Du, mein Freund und Schüler, den ersten Brief richtig durchgearbeitet hast, so hast Du zweierlei erreicht. Du hast ein klares Bild Deines eigenen Wesens und seiner Unzulänglichkeiten erhalten und hast gleichzeitig die ersten Schritte zur Abstellung dieser Mängel getan. Anders ausgedrückt: Du hast begonnen, Dich so zu sehen, **wie der Geist Dich sieht,** Dich in seine Absichten einzufühlen und Dich mit ihnen gleichzurichten. Sei überzeugt, daß der Geist mit Dir, gerade mit Dir besondere Absichten hat, für die er Dich eigens gemacht hat und die kein anderer ebenso gut erfüllen kann wie gerade Du. Er hätte Dich nicht an diese oder jene Stelle geführt, Dich nicht mit diesen oder jenen Menschen zusammentreffen lassen, wenn eine solche Absicht nicht bestünde.

Diese Aufgabe kann äußerlich geringfügig erscheinen, kann sich im Rahmen kleinlicher Berufspflichten abspielen oder im Ausführen wenig reizvoller Handgriffe bestehen. Unter allen Umständen ist es an Dir, sie mit aller Liebe zu erledigen; denn Du kannst sicher sein, daß gerade sie für Dein inneres Wachstum und Reifen gerade jetzt das Richtige ist. Bist Du ihr entwachsen, so wirst Du „abgerufen" und vor ein neues Pensum gesetzt. Der Grund dafür, daß viele Menschen nicht „weiterkommen", wie man zu sagen pflegt, besteht einfach darin, daß sie eine Klasse zu überspringen suchen, jedenfalls sich ihr entziehen möchten, bevor sie noch für die nächste reif sind. **Das Leben besteht darauf, daß man seine Lektionen lernt,** und zwar in jeder Klasse zu seiner Zeit. Wer das hochmütig belächelt, der wird durch bittere „Erfahrungen" und Nackenschläge rascher oder langsamer auf den rechten Weg gebracht. Mancher erst auf dem Totenbett.

Es gibt in diesem Sinne durchaus keine „niedere" oder „höhere" Arbeit. Tu, wo Du stehst, Deine Pflicht mit Freuden und mit ganzer Hingabe, so erwirbst Du das Adelspatent, das Dir den Zugang zu den nächsten Staffeln des Geistes öffnet.

Der Mahnzettel

Du kennst nun Deine Fehler und weißt, wo der Hebel anzusetzen ist, um Dich zu einem vollkommenen Werkzeug zu machen. Faß also den Kern der errungenen Erkenntnis in einigen kurzen, schlagkräftigen Sätzen zusammen und bringe sie so in Deiner Umgebung an, daß Du ständig und immer wieder daran erinnert wirst. Schreibe etwa Sätze wie – „Lerne schweigen!" – „Bleib ruhig!" – „Sei geduldig!" – usw. auf einen kleinen, unscheinbaren Zettel und bringe diesen auf Deinem Schreibtisch, am Bücherbord, Schrank oder sonst einem Platze an, wo Du regelmäßig hinzusehen und viel vorbeizukommen pflegst. Schreibe die Worte sehr deutlich, mit Tinte oder Buntstift. Gib dem Papier eine besondere, z. B. runde Form.

Würde dies zu auffällig sein, kürze den Satz ab oder schreibe nur die Anfangsbuchstaben. Geht auch das aus äußeren Gründen nicht, so mache ein beliebiges, ungewöhnliches Zeichen, z. B. ein Pentagramm (fünfstrahliger Stern), und denke bei seiner Herstellung scharf an den Satz, an den Du Dich mahnen lassen willst. Immer, wenn Du auf diesen Zettel, dieses Papierstückchen hinblickst, wirst Du bewußt oder unbewußt einen Impuls empfangen, der Dich in die gewünschte Richtung treibt. Es verhält sich damit genau wie mit der Reklame. Hundertmal liest Du an den Anschlagsäulen, Plakaten usw. eine und dieselbe Anpreisung. Das hundert und erste Mal gehst Du hin und kaufst die Ware. Vielleicht willst Du ursprünglich gar nicht kaufen. Du stehst im Laden und denkst an etwas ganz anderes, bist unschlüssig. Da meldet sich in Deinem Bewußtsein der automatisch aufgenommene Eindruck, als Trieb, als Drang. Du aber stehst und gehorchst und weißt selber nicht, wie Deine Handlung zustande kommt.

Die Umarbeitung des Charakters

Dies ist ein gutes Hilfsmittel, um neue gute Gewohnheiten zu schaffen. Wer seinen Charakter umarbeiten, umbauen will, und das willst Du ja, – der muß neue Gewohnheiten an die Stelle der schlechten alten setzen. Was man „**Charakter**" nennt, ist gar nichts anderes als ein Konglomerat bestimmter, festgewurzelter Gewohnheiten. „Er hat einen guten Charakter", das heißt also: „Er hat gute Gewohnheiten!" Alle Gewohnheiten aber wiederum lassen sich auf richtiges oder falsches Denken zurückführen, es sind also Denkgewohnheiten. Und damit kommen wir auf die fundamentale Bedeutung des Denkens für unser gesamtes Leben, Streben und Schicksal.

Das Denken – „beseelte Elektrizität"

Du hast im ersten Briefe den inneren Aufbau des menschlichen Organismus kennengelernt. Du weißt, er besteht letzten Endes aus verschiedenen elektrischen Systemen, die ineinander greifen, für die Dauer dieses physischen Lebens eine Einheit bilden. Stelle sie Dir im Bilde einer Pyramide vor, dann bildet ihr Gipfel die unsterbliche Dreiheit, ihre Basis die sterbliche Vierheit. Vom Gipfel bis zur Basis vergröbert sich ihr innerer Bau, verlangsamt sich die Schwingung des Urelements.

Sämtliche Systeme stehen miteinander in Verbindung, tauschen ständig Schwärme von Elektronen aus, und es ist der Zweck unserer Schulung, den höher differenzierten, feiner gebauten, rascher schwingenden Elektronen der oberen Systeme die Herrschaft über die niederen der unteren Systeme erlangen zu helfen, *den ewigen Menschen über den sterblichen siegen zu lassen*. Nur so weit dies gelingt, kann der Sterbliche an Macht und Glanz des Unsterblichen teilhaben. Das Kraftelement, das Träger jenes Austausches ist und dessen wir uns zu unserem Vorhaben bedienen müssen, ist der Gedanke. In ihm wird uns all jener geistige Säfteaustausch bewußt, er ist sozusagen die Innenseite, der Innenaspekt unserer Vitalelektrizität. Nur durch den Gedanken kann also unser höherer Wille auf die niederen Zentren Einfluß gewinnen.

Der Gedanke – ein Kraftsystem im kleinen

Präge Dir ein, daß Gedanken wirkliche Dinge sind, geformt aus einer ätherischen, äußerst plastischen Feinsubstanz. Aus ihr sind alle Vorstellungen, Ideen, Begriffe gebildet. Sie sind die Urbilder aller Dinge. Alles, was sichtbar ist, hat in ihnen seinen Ursprung. Betrachte die Werke von Menschenhand: Häuser, Maschinen, Flugzeuge, Dampfschiffe, Eisenbahnen, Erfindungen aller Art, ganze Städte, ja Staaten – ehe sie äußerlich in die Erscheinung traten, mußten sie innerlich, in Gedanken geschaffen werden. *Erst wird ein Ding gedacht, dann gemacht.*

Der Gedanke ist also die Urtat, das erste Gestaltete, nach dem alles weitere wird. Welche gewaltige schöpferische Kraft wohnt also dem Denken inne! *Denken heißt: schaffen.*

Jeder Gedanke will „Wirklichkeit" werden!

Es ist eine beweisbare Tatsache, daß jeder mit einiger Aufmerksamkeit gedachte Gedanke die Tendenz hat, sich zu verwirklichen. Steh an einem Abgrund und denke, Du könntest hinabstürzen, so bist Du schon halb unten. Der Gedanke genügte, Deinen Körpermuskeln den Anstoß zum Fallen zu geben: unwillkürlich hältst Du Dich fest. Geh aber durch einen Cholerasaal in der festen Überzeugung, gegen die Krankheit gefeit zu sein, und sie wird Dich nicht anrühren. Dein Gedanke hat jeder Körperzelle stärkste Abwehrkräfte verliehen.

Der Stotterer stottert, weil ihn dauernd die Furcht davor quält, d. h. weil er das Gedankenbild des Stotterns nicht los wird. Die Heiligen bekamen ihre „Stigmata," die Nägelmale des Gekreuzigten, weil ihr ganzes Denken tiefstens von der Passion Christi durchdrungen war. Oder nimm das sogenannte „Versehen der Schwangeren". Eine Schneiderfrau wird Zeugin, wie einem Soldaten im Streite eine Hand abgehauen wird.

Ihr Kind kommt zu früh zur Welt und hat nur eine Hand. Eine Frau sieht Tag für Tag an einem Freunde eine durch Unfall entstandene krallenartige Fingerentstellung und entsetzt sich darüber. Tatsächlich kommt ihr Kind mit einer ähnlichen Kralle zur Welt.

Tod durch Gedankenwirkung

Aber sogar Todesfälle sind durch reine Gedankenwirkung herbeigeführt worden. Bekannt ist der Fall des Pariser Verbrechers, der zum Tode verurteilt und Gegenstand folgenden Experimentes war: man sagte ihm, er dürfe, als besondere Gunst, statt auf dem Schaffot ruhig in seiner Zelle durch Aderlaß sterben. Man entkleidete ihn, verband ihm die Augen, fesselte ihn an eine Bank und ritzte ihm mit einer Nadel ganz leicht die Rückenhaut, worauf man warmes Wasser an seinem Rücken herablaufen ließ. In 40 Minuten war der Mann eine Leiche.

Studenten wollen einem unbeliebten Pedell einen Streich spielen: sie vermummen sich, überfallen ihn, schleppen ihn vor ein „Fehmegericht", das ihn zum Tode verurteilt. Beil und Richtblock sind vorhanden. Man verbindet ihm die Augen, schnallt ihn an den Block und „vollstreckt" das Urteil, d. h. der Scharfrichter schlägt ihm mit einem nassen Handtuch über den entblößten Hals. Als Leiche wird der Mann herabgenommen. Der Gedanke, daß es mit dem Köpfen ernst sei, hat ihn getötet.

Niemand hat ein Recht, eine so achtbare Kraft, wie es gerne geschieht, als „Einbildungskraft" verächtlich zu machen. Ohne diese „Einbildungskraft" gäbe es kein Werk von Menschenhand!

Du selbst arbeitest alle Tage unbewußt mit dieser Kraft. Jeder Zug Deines Gesichtes ist durch Gedankenkraft geformt; was Du Tag für Tag immer wieder denkst – Deine Gedankengewohnheit also – gräbt sich in Dein Gesicht als Charaktermerkmal ein, deutlich lesbar für jeden guten Psychologen.

Zeige mir, wie Du aussiehst, und ich will Dir sagen, wie Du bist.

Es ist demnach durchaus nicht gleichgültig, welcherlei Gedanken Du in Dich selber, d. h. in Deinen Organismus regelmäßig hineindenkst. Gesundheit und Krankheit – Du hast sie in weiterem Ausmaße selbst in der Hand, als Du vielleicht bis heute ahntest. Bedenke, daß Dir Ärger den Appetit verderben, daß Kummer Herzleiden verursachen kann. – Gewisse wiederholte Verstimmungen greifen die Leber an. Selbst Krebserkrankung geht in vielen Fällen auf fortgesetzte Sorge und Ängstlichkeit zurück. Du hast es in Deiner Macht, mit welcherlei Gedankenströmen Du – aufbauend oder vernichtend – auf Dich selber einwirken willst: Ist es darum nicht an der Zeit, daß Du die Mechanik dieser gewaltigen Kraft in ihren Einzelheiten kennenlernst?!

Die Bausteine des Denkens

Der denkende Mensch ist also – bewußt oder unbewußt – ein mächtiger Baumeister, der sich seiner Bausteine, der Gedanken, mit kundiger Hand bedienen muß, will er nicht Fehlschläge erleben oder gar sein Haus zum Einsturz bringen. Man kann wohl zum wenigsten verlangen, daß er diese seine Bausteine auch gründlich kenne.

Jeder Gedanke ist ein Vorstellungsbild, ein Modell aus plastischem Feinstoff, nachdem sich dann das „wirkliche" Bild aus grober Materie erst formt. Wie wir einen **fluidischen Modellkörper** besitzen, nach dem sich der **physische formt**, haben wir in den Gedanken das nächst feinere Element vor uns, das seinerseits wieder den fluidischen Körper beeinflußt, lenkt und gestaltet.

Es sind also Bilder, um die es sich hierbei handelt. Und zwar ganz wesentlich optische, d. h. Gesichtsbilder. In ihnen vollzieht sich unser Denkakt in der Hauptsache. Alles Denken ist eine Aufeinanderfolge von Bildern, die zusammen eine

Handlung ergeben. Diese Gedankenhandlung ist also die erste Tat, und jedermann sollte sich der Verantwortung bewußt sein, die er mit seinen gedachten Handlungen auf sich nimmt. Er setzt damit unweigerlich Kräfte in Bewegung, die zu hemmen meist nicht mehr in seiner Macht steht. Denkt er Böses, so ist das Böse in die Welt der Wirkungen aufgenommen und wird einmal irgendwie irgendwo Gestalt annehmen, sei es nun, daß der Denkende selbst eine böse Denkgewohnheit daraus werden läßt, der sich die sichtbare Tat früher oder später anreiht, sei es, daß das geborene Gedankenbild einen oder mehrere andere beeinflußt; die es dann schließlich eines Tages ausführen. Schließlich aber kehrt jedes gewirkte Werk zu dem Ur-Täter selbst zurück, denn die Welt ist ein geschlossener Ring, und der Mensch ist ein Schütze, der meist, ohne es zu ahnen, alle seine Pfeile, gute oder böse, gegen sich selber schießt. Sei dessen künftig eingedenk bei jedem Deiner Gedanken!

Du siehst auch hieran, wie wichtig es ist, diese enorme Weltkraft sich dienstbar zu machen. Um das zu können, mußt Du zunächst wissen, wo ihre Quellen sind. Erst dann kannst Du sie fassen, zielbewußt schulen und steigern, um Dich ihrer endlich nach dem Willen Deines höheren Selbst zu bedienen.

Die Quellen der Gedankenkraft

Um gleich das Wichtigste zu sagen: die Hauptquellen der Gedankenkräfte sind Deine eigenen **Wünsche und Begierden**. Sie sind der Motor, der immer wieder endlose Bilderfolgen schafft und Dir vor das geistige Auge stellt, damit Du nach der Lockung dieser Bilder handeln sollst. Tust Du dies jedoch, so ist im gleichen Augenblick die durch sie gezeugte Kraftspannung erloschen, ausgeglichen, Dir entströmt. Jede Wunschspannung sucht Dich ja dahin zu beeinflussen, daß Du sie befriedigst, d. h. durch irgendwelche Handlungen nach außen hin zum Abströmen bringst. Denn der Wunsch ist blind und will nicht Dir dienen, sondern ausschließlich sich selber. Tust

Du ihm den Willen, so findet die in ihm aufgespeicherte elektrische Energie dadurch ihre Entladung, ähnlich dem Blitz, der in die Erde schlägt. Aber hat man nicht gelernt den Blitz zu zähmen, auf daß er nützliche Arbeit leiste?

Die Wunschkraft – Dein Motor

So sollst auch Du die Wunschkraft zu beherrschen lernen, damit sie Deinen höheren Zwecken dienen kann. Freue Dich also, wenn Dir ein leidenschaftliches Temperament, ein starkes Begehrenkönnen verliehen ist. Freue Dich der Elementarkraft, die in Dir Sitz und Gefäß hat, sie ist der Dynamo, dessen Strom Dir zum Aufstieg verhelfen soll, zu Wiedergeburt im Geiste und in der Wahrheit. Es ist eine Tatsache: jeder besiegte Wunsch, sei es auf welchem Gebiete immer, macht Dich mehr zum Herrn Deiner selbst und damit Deines Schicksals. Jeglicher Aufstieg beginnt mit dem „Sich-etwas-versagen-können". Jeder Sturz mit dem Verlust der Selbstbeherrschung. Du mußt darum diesen Weg gehen, wenn es Dir überhaupt mit dieser Schulung ernst ist. Der stärkste Spezialmotor, der in Dich eingebaut ist, ist aber die Geschlechtssphäre. Über sie sind ein paar besondere Worte erforderlich.

Das obere und das untere Licht

In zwei Lichtern oder Polen ist das schöpferische Urfeuer in den Menschen versenkt. Der obere Pol ist der göttliche Genius, sein Sitz im Gehirn. Er ist heute bei den meisten Menschen vorwiegend unentwickelt (latent). Der untere ist die Geschlechtskraft, ihr Sitz in den Lenden. Sie ist sehr aktiv und die Quelle der meisten Wünsche.

Zwischen beiden Polen findet ein lebhafter und bedeutsamer Kräfteaustausch statt. Und das Denken ist das Barometer dieses Austausches. Je stärker produktiv der untere Pol ist, je mehr er damit seine Kräfte nach außen bindet, umso weniger

Energie wird der Denkfunktion zugeführt. Und umgekehrt: je radikaler der Geschlechtskraft der Abfluß nach außen versagt wird, um so mehr Nutzen hat die Denkkraft.

Die Geschlechtskraft will die Unsterblichkeit der Rasse vermittelst der Kinderzeugung. Der Genius im Menschen will seine individuelle Erweckung zur bewußten Unsterblichkeit. Hierzu bedarf er der gewaltigen, im Geschlechtszentrum aufgespeicherten Kräfte. Da nun beide in einem Wechselverhältnis zueinander stehen, ist die Erlangung der bewußten Unsterblichkeit des Individuums an wenigstens zeitweilige asketische Lebensführung geknüpft. Das obere Licht kann nur erwachen, wenn ihm das untere seine elektrischen Energien leiht. Dies ist der Grund, weshalb auf absolute Beherrschung des Geschlechtstriebes nicht verzichtet werden kann.

Der „natürliche" Mensch lebt nach außen, d. h. er sieht die Welt durch den Schleier seiner eigenen Wünsche und Begierden. Der „geistliche" Mensch lebt nach innen, d. h. er sieht die Welt begierdenfrei, mit den Augen des Geistes.

Wirkungen der Askese

Du mußt nun die nächsten Wirkungen kennen, die Du durch Wunschdisziplin erzielen sollst. Zunächst erfährst Du eine merkliche Zunahme des allgemeinen Kraftgefühls, wirst subjektiv wie objektiv gesünder und leistungsfähiger. Dein Körper verjüngt sich nach jeder Richtung. Dann aber stellt sich sehr bald eine bedeutende **Zunahme der Vorstellungskraft** ein: alles, was Du denkst, nimmt schärfere, plastischere Formen an, die Kraft der Fantasie steigert sich. Du kannst rascher denken und wirst schlagfertiger und gewandter.

Gleichzeitig damit wirst Du die Beobachtung machen, daß Dein Einfluß auf andere Menschen langsam, aber sicher zunimmt. Er wächst genau in dem Grade, wie Dir die richtige Ausführung der aufgegebenen Übungen gelingt. Du mußt also im eigensten Interesse sehr genau und gewissenhaft sein. Jeder trägt selber den Marschallstab des Geistes im Tornister.

Wir gehen nun zu den praktischen Beherrschungsübungen über; sie haben, wie Du weißt, beim Gedanken, also innerlich zu beginnen und sich auf das gesamte Tatleben, also äußerlich, fortzusetzen. Über die Aufgaben dieses zweiten Monats setzen wir das Leitwort der II. Stufe:

„Sei Herr in Deinem Hause!"

Vor allem halte die Erkenntnis fest und lebe Dich in sie ein, **daß Du und Dein Haus nicht identisch sind.** Du pflegst zu sagen: „Mein Körper, mein Verstand." – „Mein" ist aber ein Besitztitel. Es muß also ein Besitzer vorhanden sein, der sich als gesondert von seinem Besitze empfindet. Steh fortan auf zu einer Frühstunde, die Dir nach den Erfahrungen des 1. Monats am zweckmäßigsten erscheint. Sodann richte Dich nach folgenden Regeln:

1. Schränke den Fleischverbrauch ein, soweit es Deine Gesundheit zuläßt (siehe Erläuterung).

2. Mach täglich einen geistigen Frontangriff auf alle Deine erkannten Schwächen!

3. Mach täglich eine Muskelbeherrschungsübung, und zwar a) Fingerstreckübung oder b) Armstreckübung mit Glas oder c) langsame Schrittübung. (Näheres siehe unten.)

4. Übe täglich eine Stunde lang „kleine Konzentration".

5. Meide unnütze Kraftausgaben, indem Du unter allen Umständen Ruhe bewahrst.

6. Mach täglich die Akkumulatorübung, indem Du die Wunschversagung übst.

7. Behalte abends die Tageskritik und Plansetzung für den nächsten Tag bei.

Erläuterungen:

Zu 1) Der Fleischverbrauch ist für Dich aus verschiedenen Gründen nicht wünschenswert. Er wird durch den Tod eines fühlenden und schuldlosen Wesens erkauft, das Dir körperlich verhältnismäßig nahe verwandt ist. Selbst wenn Du annimmst, daß die Tötung selber äußerst rasch und eben dadurch fast schmerzlos vor sich gehe, so bleibt doch die ganze Zurüstung, mit Transport, Schlachthausaufenthalt, blutrünstiger Umgebung usw. auf das Tier nicht eindruckslos; es ist und bleibt ein Akt der Barbarei, der – wenn möglich – besser vermieden würde. Frage Dich immer: würdest Du dies oder jenes essen, wenn Du das Tier selber schlachten müßtest?

Sodann nimmst Du mit dem tierischen Blute auch die organischen Träger seiner Leidenschaften und hemmungslosen Begierden in Dich auf. Die restlose Umwandlung in menschliche Energien gelingt durchaus nicht immer und nicht jedem. Es ist bekannt und verständlich, daß vieles Fleischessen den Menschen hitzig, sinnlich und leidenschaftlicher macht. Das aber ist ein Hindernis auf dem von Dir beschrittenen Entwicklungsgange.

Damit hängt es dann auch zusammen, daß vorwiegend oder rein pflanzliche Ernährung erfahrungsgemäß die höheren Fähigkeiten befördert, ihnen sozusagen die organische Unterlage bereiten hilft. Worauf es uns ankommt, das ist ja eine gewisse Verfeinerung der Organisation, diese aber wird durch den Aufbau des Körpers mittels pflanzlicher Stoffe leichter und besser erzielt. Im fernen Osten leben bekanntlich Millionen von Menschen wesentlich ohne Fleisch. Sicherlich hängt ihr sanfteres Naturell mit dieser Tatsache eng zusammen. Den Weißen empfinden sie als „aggressiv" und zwar im Ganzen, also auch da, wo er selber es nicht von sich annimmt; es sind Schwingungen des Denkens, die feinfühligen Rassen wahrnehmbar werden. Es wird so viel vom Ideal des Friedens gesprochen. Aber man wird es den westlichen Menschen solange nicht ernsthaft näher bringen können, als sie noch im heutigen Grade Fleischesser sind.

Unsere Rasse lebt nun freilich seit vielen Jahrtausenden in einem harten nordischen Klima, in dem sie sich ohne kräftige

Ernährung einfach physisch nicht zu behaupten vermag. Was sie braucht, ist eine konzentrierte, ziemlich fettreiche Kost. Auf diese ist sie denn auch körperlich derart eingestellt, daß ein völliger Umsturz in der Ernährungsweise sich gesundheitlich schwer rächen würde.

Verhalte Dich also folgendermaßen: Beschränke die Fleischkost auf das unbedingt Notwendigste. Iß höchstens ein- oder zweimal wöchentlich eine Fleischmahlzeit. Schränke den Wurstverbrauch usw. ein. Bevorzuge statt dessen Eier, Käse, Milch, Mehlspeisen. Sehr empfehlenswert sind Reis und Mais, auch Nüsse und Obst aller Art. Fisch ist nicht Fleisch im asketischen Sinne. Du kannst ihn wöchentlich einmal genießen. Kaffee und Tee sind in mäßigen Grenzen und in abgeschwächter, verdünnter Form erlaubt. In mäßigen Grenzen soll überhaupt die gesamte Ernährung gehalten sein. Iß grundsätzlich niemals über den Augenblick hinaus, wo Du Dich gerade gesättigt fühlst. *Die Befriedigung eines Gaumenkitzels ist überflüssig.*

Zu 2) Der „**geistige Frontangriff**" wird folgendermaßen gemacht: Stelle einen Stuhl vor Dich hin. Bringe auf ihm ein Bild von Dir selber an, möglichst aus älterer Zeit. Ist Deine Vorstellungskraft bereits stark genug, so kannst Du Dir statt dessen auch vorstellen, daß Du selber auf dem Stuhle säßest.

Nun tritt Deinem Bilde gegenüber und sprich zu ihm, als wenn es einen Fremden darstellte, etwa in dieser Art: „Ich kenne dich jetzt! Ich verabscheue deine Neigung zu (es folgen die Eigenschaften, die Du im vorigen Monate feststelltest). Ich errichte eine Scheidewand zwischen mir und dir! Ich will mit dir nichts mehr zu tun haben. Wir sind geschiedene Leute!"

Darauf drehe das Bild auf dem Stuhle um oder kehre ihm den Rücken und sprich in kurzen schlagkräftigen Sätzen Deine neuen Vorsätze aus. Du mußt dabei darauf sehen, daß Du diese Sätze positiv formulierst, nicht etwa negativ. Du darfst beispielsweise nicht sagen: „Ich will keine Lüge mehr sagen, ich will keine schlechten Manieren mehr zeigen, ich will nicht mehr faule Geschäfte machen!" sondern etwa so:

„Ich will künftig (heute, immer) die reine Wahrheit sagen! (Oder schweigen!)" „Ich will mir gute Manieren angewöhnen!" „Ich will nur noch ehrliche Geschäfte machen!" usw.

Es ist ein Gesetz, daß ein positives Kurzwort sich nicht nur weit besser einprägt, sondern auch rascher und leichter in die Tat umsetzt, als ein negatives. Handle danach!

Das Aussprechen dieser Sätze soll mit großem Nachdruck geschehen. Verfahre so: Balle die Fäuste. Beim Worte „Ich" bringe beide Arme ruckartig in Beugestellung, um sie bei „will" usw. stoßartig nach vorne zu schnellen, beide parallel. Wiederhole diese Prozedur bei jedem einzelnen Kraftsatz. Immer unter starker Muskelanspannung, als wolltest Du eine Arbeit leisten, etwa hanteln oder dergleichen. Du kannst Dir bei diesen Stoßbewegungen vorstellen, daß Du Deinem Leben einen regelrechten neuen Impuls, Kraftantrieb gibst. Du bringst gewissermaßen die Kugel oder das Rad ins Rollen.

Beste Zeit für die Übung: der frühe Morgen. Sie soll den Tag einleiten und unter ihren Einfluß nehmen. Am vorteilhaftesten: unmittelbar nach dem Erwachen, mit geschlossenen Augen. Sobald Du Fortschritte nach der einen oder anderen Richtung merkst, beschränke Dich auf die notwendigen Punkte. Je mehr Du fortschreitest, umso eher kannst Du den ersten Teil der ganzen Übung, nämlich die Ansprache an das Bild, weglassen.

Zu 3) Die drei **Muskelbeherrschungsübungen** sollen täglich abwechselnd gemacht werden, einmal die erste, einmal die zweite, einmal die dritte. **Die erste** wird so gemacht: Setze Dich in aufrechter, straffer Haltung an einen Tisch, ohne denselben mit dem Körper zu berühren. Strecke die Arme steif und gerade aus, lege sie vor Dich auf den Tisch, die Fäuste geschlossen nebeneinander. Nun strecke den Daumen der rechten Hand ganz langsam aus, indem Du jede Phase dieser Bewegung kontrollierst, als sei sie für Dich von größter Wichtigkeit. Hierauf strecke in derselben Weise den Zeigefinger, und so nacheinander alle anderen, bis die ganze Hand gestreckt ist. Sodann tue das Ganze rückwärts, d. h. bringe, vom kleinen Finger anfangend, sämtliche Finger wieder in die Ausgangsbeugestellung, bis die Faust geballt, wie zuerst, vor Dir liegt. Dann verfahre genau ebenso mit der linken Hand.

Die zweite Muskelbeherrschungsübung: Fülle ein Weinglas bis zum Rande mit Wasser. Nimm es in die rechte Hand, führe es so vor Dich, daß der Wasserspiegel in Mundhöhe vor Dir steht. Dann strecke den Arm mit dem Glase ganz langsam nach der rechten Seite, ohne zu zittern und ohne einen Tropfen Wasser dabei zu verschütten. Verfolge die ganze Aktion angespannt mit dem Blicke. Sodann führe das Glas wieder zurück in die Ausgangsstellung. Wiederhole die Übung mit der linken Hand.

Die dritte Muskelbeherrschungsübung: Stelle Dich straff aufgerichtet hin, die Fersen aneinander, den Blick geradeaus gerichtet. Die nun einsetzende langsame Schrittbewegung zerfällt in drei Phasen, deren jede durch Zählen von 1 bis 3 gekennzeichnet ist. Du zählst also dreimal von 1 - 3.

Während der ersten Drei beugst Du das linke Knie, unter Hebung der Ferse. Alles ganz langsam. Dauer mindestens 5 Sek. (anfangs Uhrkontrolle!) Während der zweiten Drei hebst Du das linke Bein und streckst es vor Dich aus, gleichsam zum Gehen. Wieder im gleichen Zeitraum wie vorhin und unter genauer Beobachtung jeder Bewegungsphase. Während der dritten Drei setzt Du den linken Fuß langsam hin, läßt das Körpergewicht ihm folgen, und ziehst bei „3" den rechten Fuß nach, so daß er neben dem linken die Ausgangsstellung einnimmt. Jede Einzelheit der Bewegung auch hier wieder peinlichst beobachten. Gleiches Tempo. Hierauf verfährst Du ebenso mit dem rechten Bein. – Gelingt eine Übung nicht, so wird sie im Laufe des Tages wiederholt.

Zu 4) Im gewöhnlichen Leben pflegst Du bei vielen Beschäftigungen mit Deinen Gedanken nicht ganz bei der Sache zu sein, sondern allen möglichen anderen Dingen nachzuhängen. Beim Waschen und Ankleiden denkst Du z. B. an den Vormittagsdienst oder eine Begegnung, die Du heute haben wirst. Beim Essen an einen Brief, den Du später schreiben willst usw.

Die „**kleine Konzentration**" besteht darin, daß Du Deine Gedanken ausschließlich und völlig bei dem Gegenstand hast, der Dich gerade beschäftigt; bei der Tätigkeit, die gerade eben notwendig ist. Du sollst also lernen, **auf Deine Gedanken bewußt zu achten, sie zusammenzuhalten**. Wisse, daß keine Beschäftigung an sich minderwertig ist. Sie würde erst minderwertig, wenn Du sie schlecht ausführtest. Richte also Deinen Willen darauf, sie so gut wie irgend möglich zu besorgen. Sei ganz bei der Sache, geh ganz in dem auf, was Du gerade zu tun hast. Ob Du einen Brief schreibst, Dir die Hände wäschst, ein Buch liest, ob Du mit einem Kinde oder Deinem Hunde spielst, ob Du zu Mittag ißt oder Dir die Krawatte knüpfst, – sei in allem, was Du tust, ganz und ungeteilt.

Die Gedanken werden immer wieder abzuirren versuchen, namentlich anfangs. Dann rufe sie mit eiserner Beharrlichkeit zu der Ausgangsvorstellung zurück. Ermüde nicht, Dich selbst bei der geringsten Abweichung vom Gewollten sofort zu berichtigen.

Wähle jeden Tag eine andere Stunde zu dieser Übung. Beginne z. B. am ersten Tage mit 7 – 8 Uhr, übe am zweiten von 8 – 9 Uhr usw. bis abends. Sind alle Tagesstunden dran gewesen, beginne von vorne. Die Übung ist besonders wichtig. Sie gibt Dir nicht nur ein besseres Gedächtnis, wie sich sehr rasch zeigen wird; sie ist auch die Vorstufe und Vorübung zur „großen Konzentration", die im nächsten Monat geübt werden soll. Je genauer, gewissenhafter und erfolgreicher

Du jetzt zu Werke gehst, desto leichter wird Dir alles spätere gelingen. Jede Stufe muß nun einmal erarbeitet werden, in den Schoß fällt Dir nichts.

Zu 5) Die Vermeidung unnützer Kraftausgaben durch absolute **Ruhebewahrung** ist das Gegen- oder Seitenstück zur kleinen Konzentration. Die Kraft, die sich in der „Konzentration" in bestimmter Richtung eingestellt, also praktisch verwendet wird, muß durch die Wunschüberwindung (6) gewonnen und durch die Ruhebewahrung (5) erhalten werden. Die Übungen 4 - 6 stehen also in einem wichtigen inneren Verhältnis zueinander, das Du verstehen und berücksichtigen mußt. Denke also über diesen Zusammenhang nach, damit Du selber den Mechanismus kennst, den Du in Bewegung setzen willst.

Bedenke, daß Du die Ruhe unter allen Umständen bewahren sollst, und zwar innerlich wie äußerlich!

Im Laufe jedes Tages stürmen zahlreiche Reize auf Dich ein, die Dich nicht nur irgendwie zur Reaktion veranlassen, sondern auch Dein Gemüt aus dem Ruhezustande reißen wollen, in dem allein es seine Kraft bewahren kann. Personen oder Dinge suchen Dich zu Zorn, Ärger, Furcht, Haß, Neid, Leidenschaft usw. zu veranlassen, um den Kraftstrom Deines Wollens und Denkens auf sich zu ziehen und von Deiner Kraft Nutzen zu haben; sie wollen Dir also Kraft abziehen, denn mit jeder Erregung gibst Du Kraft ab. Ein sehr aufgeregter Mensch ist immer schwächer als ein ruhiger. Je stärker Du von Hause aus bist, desto eifriger wirst Du von Personen und Dingen umschmeichelt und umworben. Man sucht Dich zum Gespräch, zur inneren und äußeren Teilnahme an diesem und jenem Gegenstand zu bewegen. Man möchte erreichen, daß Du, wie man sagt, „aus Dir herausgehst". Dies bedeutet aber nichts anderes, als daß man Dir den Zustand gesammelter Kraft nicht gönnt, den man in Dir ahnt oder fühlt, sondern ihn mitgenießen möchte.

Das erste Gebot, dem Du zu folgen hast, heißt also: **Isolierung**! Betrachte Dich als einen elektrischen Akkumulator, der jede eigene Stromabgabe peinlich genau kontrollieren muß. Laufe niemals anderen nach, sondern halte Dich im ganzen mehr für Dich. Damit ist nicht gemeint, daß Du als menschenscheuer Sonderling leben sollst. Es gibt einen praktischen Mittelweg, den Du finden mußt. Lerne also, Dich zurückzuhalten, ohne andere zu verletzen und ohne allzusehr aufzufallen. – Eine **gewisse Einsamkeit** ist unbedingt wünschenswert, wenn Du auf Deinem neuen Wege vorwärts kommen willst.

Jeden Menschen, der neu in Deinen Verkehrskreis tritt oder zu Dir Beziehungen sucht, sieh darauf hin an, ob er etwas von Dir will, was Dir Kraft entzieht. Danach richte Deine innere Stellung, sieh Dich vor, sei auf der Hut. Damit ist wiederum nicht gemeint, daß Du neue Bekannte oder Freunde ungefällig, abstoßend, unfreundlich behandeln sollst. Du sollst sogar, um wen oder was es sich immer handeln mag, als ehrlicher Menschenfreund Dich zeigen. Lerne also hilfreich, gefällig, zuvorkommend sein, ohne Dich zu erschöpfen.

Das ist gewährleistet, wenn Du unter allen Umständen und bei allem, was Du tust, die innere wie äußere Ruhe, eine gewisse Reserve bewahrst. Bemerkst Du also, daß irgendetwas Dich aus diesem Zustand der Unbewegtheit herauszerren könnte, so brich jeder Gefahr die Spitze ab, indem Du aktiv eine Gedankenmauer, einen *geistigen Schutzwall* zwischen Dir und dem Reizobjekt aufrichtest. Praktisch geh dabei so vor: Improvisiere eine Stillsitzübung, so gut die Umstände es erlauben (das kann völlig unbemerkt geschehen), dann stelle Dir vor, daß Du von einer unsichtbaren Stahlkuppel umgeben bist, die keine ernsthafte Störung an Dich heranläßt. Neigst Du von Hause aus zu Aufregungen, so solltest Du dieses Gedankenbild auch ohne besondere Veranlassung öfter üben: Du wirst finden, daß es sich ausgezeichnet bewährt.

Zu 6) **Die Akkumulatorübung** geht, wie gesagt, mit der vorigen Hand in Hand. Es handelt sich nicht etwa darum, sämtliche im Laufe des Tages auftauchenden Wünsche zu unterdrücken, das würde schwere und unliebsame Reaktionen auslösen. Bedenke, daß Dein Organismus viele berechtigte Wünsche hat, die gebieterisch Erfüllung verlangen, wenn er weiter bestehen soll. Ist er doch Dein „niederer Bruder", dessen Du Dich sorgsam anzunehmen hast. Nur darf er Dich nicht seinerseits unterjochen. Und dazu hat er von Hause aus durchaus die Neigung. – Übe also, um die Wunschkraft zu akkumulieren, die Nichterfüllung von Wünschen.

a) Negative Übungsbeispiele:

Versage Dir kleine Bequemlichkeiten beim Sitzen, entferne das Kissen, an das Du gewöhnt bist. Wähle zum Sitzen keinen bequemen, sondern einen möglichst unbequemen harten Stuhl. Zieh keine Hausschuhe an. Versage Dir dies und jenes beim Essen: den Zucker, das Salz, andere Gewürze, die Du liebst. Nimm keine Butter aufs Brot. Nimm Dir die kleinere Hälfte bei geschätzten Speisen. Iß am wenigsten von den Speisen, die Dir besonders schmecken. Trinke einen ganzen Tag lang nur Wasser. Nimm einen Tag keinen Aufschnitt aufs Brot. Überschlage eine – weniger wichtige – Mahlzeit, z. B. die Kaffeemahlzeit am Nachmittag. Versage Dir Bequemlichkeiten im Berufsleben, an die Du gewöhnt bist. Versage Dir einen Besuch, ein Theaterstück, ein Konzert, auf die Du Dich freutest. Kaufe etwas nicht, was Du Dir zur Freude kaufen wolltest (Ein Buch, eine Freimarke, eine Vase, eine Zeitung usw.).

Versage Dir Bequemlichkeiten beim Schlafengehen: entferne den Bettvorleger, ersetze das Kopfkissen durch eine Kopfrolle oder lege ein Notenbuch, ein Brett usw. unter dasselbe.

b) Positive Übungsbeispiele:

Tu Dinge, zu denen Du Dich zwingen mußt oder die Du bis jetzt nicht gerne tatest! Du wolltest vielleicht längst einen gewissen peinlichen Brief schreiben und „kamst nicht dazu": – jetzt schreibe ihn!

Du wolltest eine Aussprache mit jemand über dies oder das halten und schrecktest aus mancherlei Gründen davor zurück: jetzt führe sie herbei!

Du hast einen eiligen Geschäftsweg vor: mach einen Umweg und zwinge Dich, ganz langsam zu gehen. Du „kannst" gewisse Geräusche „nicht hören", z. B. das Kratzen eines Schieferstiftes auf einer Schiefertafel, das Streichen über Samt usw. – Zwinge Dich, es mit heiterer Miene und größter innerer Ruhe anzuhören, führe die Gelegenheit dazu herbei!

Du hast einen Abscheu vor manchen Tieren, z. B. Katzen, Fröschen, Spinnen. Sobald Du Gelegenheit hast, tritt gerade diesen Tieren näher, fasse sie an, streichele sie, sei gut Freund mit ihnen. Bedenke, daß der Weltgeist sie so gut wie Dich geschaffen hat, daß Du Ihnen stofflich durchaus verwandt bist. So wenig wie Du irgend etwas hassen darfst, da doch alles aus dem Einen Geiste stammt, so sehr mußt Du bemüht sein, Ekel, Abneigung, Schauder vor Menschen, Tieren oder Dingen zu überwinden.

Überwinde auch die Abneigung vor manchen Speisen, die Du „nicht essen kannst".

Alle diese negativen und positiven Übungen sollst Du nicht im Gefühl des Zwanges machen, sondern gerne und freudig tun, mit innerem Schwunge der Seele. Solange Dir dies nicht gelingt, solange Du etwa gar stöhnst und seufzt, hast Du den Kern der Übung nicht erfaßt. Ebenso wichtig als die äußere Gebärde, ja wichtiger noch ist die innere Einstellung. Was Du erstreben sollst, ist das Durchdrungensein vom Gefühl des über den Dingen stehenden freudigen Gleichmutes. Nicht mehr darfst Du Deine Stimmung, Dein Behagen abhängig machen von irgend einer Äußerlichkeit. Sei vielmehr **ein Felsblock der Ruhe und Zufriedenheit**, unberührt von den Begriffen „wenig" und „viel", „gut" und „schlecht", „bequem" und „unbequem". – Übe diese Felsblockempfindung, bis sie Dir zur zweiten Natur geworden ist.

<>

Selbstverständlich sollen obige Beispiele nur einige Anhaltspunkte geben, wie solche Übungen gemeint und anzufassen sind; Du bist nicht gebunden, sie genau so, wie angegeben, ausnahmslos durchzuführen, sondern kannst – nach eigenem Ermessen – andere dazunehmen. Die im Druck hervorgehobenen sind jedoch besonders empfehlenswert und müssen gemacht werden. **Übe auf alle Fälle jeden Tag**, und zwar mindestens je eine positive und eine negative Übung.

Deine Tageseinteilung gestaltet sich also demnach so:
Vormittags: Geistiger Frontangriff, Muskelbeherrschungsübung.
Im Laufe des Tages: Eine Stunde kleine Konzentration, Ruhebewahrübungen,
Akkumulatorübungen.
Abends: Tageskritik und Plansetzung für morgen.

<<>>

Dritter Brief

„Mache Dich auf, werde Licht!"

Der Weg nach innen.
Der Traum – das erste Tor ins Jenseits.
Der Traum – eine zweite Wirklichkeit.
Alle Träume – Gleichnisse.
Körpersymbolik. Geldsymbole. Fruchtbarkeit und Liebe.
Tiersymbole. Tod und Leben.
Wettersymbole. Bewegungsträume.
Zweck und Ziel des Träumens.
Traumkontrolle als Seelenbarometer.
Die große Konzentration.
Selbstbefehl und Glaube.
Wesen der Betrachtung.
Wesen der Beschauung.
Praktische Übungen der III. Stufe.
Erläuterungen.

<<>>

Einleitung

Du bist Dir nun klar geworden über das Wesen der Gedankenkraft, Deiner stärksten Lebens- und Todeswaffe in diesem Dasein. Du weißt, woher sie sich speist, wie man sie sammelt, speichert, vor Verlusten schützt und hast die ersten Schritte getan, sie durch leichte Konzentrationsmethodik für Dich nutzbar zu machen.

Ehe wir nun zu den höheren Konzentrationsmethoden übergehen, mußt Du die Art und Weise kennenlernen, wie Du die Wirkungen dieses Lehrganges bis in ihre letzten Ausläufer hinein verfolgen, wie Du die Fortschritte kontrollieren kannst, die Du bereits gemacht hast.

Bevor Du aber diesen „Weg nach innen" antrittst, ist es nötig, Dich vor schädlichen Einflüssen von außen zu sichern, die Deinen Entwicklungsgang stören oder auf falsche Bahn ablenken könnten. Ordne also Deinen Verkehr! Zieh Dich zurück von allen als schlecht erkannten Menschen. Soweit dies aus äußeren Gründen nicht geht, schränke den Umgang mit ihnen auf das mögliche Mindestmaß ein, laß ihn unter keinen Umständen vertraulich werden oder bleiben. Richte auch hier die unsichtbare „Stahlkuppel" auf. – Dann erst bist Du bereit.

Der Weg nach innen

Der Mensch gleicht dem Zweige eines Baumes. Die stärkste Saftfülle findest Du nicht in der Rinde, sondern im Inneren. Hier kreisen am lebendigsten die Säfte, die den Zweig mit seinem Mutterstamme verbinden. Hier mußt Du suchen, wenn Du Einblick begehrst in das geheime Walten der organisierenden, bauenden und zerstörenden Kräfte, die Du so heiß zu beherrschen wünschest.

Wie die grünenden Blätter dem Tagesbewußtsein, so entsprechen die Säfte des Zweiges dem Unterbewußtsein. Die

Funktion aber, in dem die unterbewußten Vorgänge Dir bewußt werden, ist der Traum.

Der Traum – das erste Tor ins Jenseits

Willst Du den Weg zu den „Müttern" finden, so mußt Du zuerst dem Wegweiser des Traumes folgen. Hier ist der Einstiegsschacht in die Tiefen des Seins. Hier das Barometer der Vorgänge in Deinem fluidischen Körper, hier weben die Urbilder der Dinge, die sich in Dir gestalten wollen. Hier ist aber auch die Stätte, wo sich neue, übersinnliche Fähigkeiten zuerst zeigen und spiegeln. Den Traum gilt es zu verstehen, wenn Du die Wandlungen Deiner eigenen Tiefe beobachten willst.

Der Traum – eine zweite Wirklichkeit

Wisse, daß der Traum ein ebenso „wirkliches" (oder unwirkliches) Erlebnis ist, wie jedes Wacherlebnis. Der Unterschied liegt lediglich in Deinem Bewußtseinszustand. Im Tagesdenken bist Du durch die Sinne nach außen zerstreut (vgl. die Blätter des Baumes), im Nachterleben nach innen konzentriert (vgl. den Säftestrom des Zweiges). Dein Ich ist also auf eine andere Erlebnisebene verlegt, in ein anderes Medium, und zwar zumeist in den inneren fluidischen Körper. Du siehst, was Du hier wahrnimmst, sozusagen durch eine andere Linse.

Was Du hier erlebst, tritt oft mit weit höherer Intensität vor Dich hin als die Tagesvorgänge. Du weinst im Traum, und Deine Tränen sind heißer, bitterlicher als alle Tränen des Tages. Du erlebst „Geringfügigkeiten" und empfindest sie mit ganz außerordentlicher Tiefe. Und immer bist es Du selber, der diese Erlebnisse hat, kein anderer. Wenn Du morgens erleichtert oder traurig erwachst, solltest Du nicht sagen: „Es war ja nur ein Traum!" und alles so rasch als möglich zu vergessen suchen, sondern Dich fragen: „Dieser Traum, – was wollte er mir sagen?" Denn Träume sind, gleichwie alle Tageserlebnisse – Boten mit versiegelten Briefen, die in einer Geheimschrift geschrieben sind. Was sie Dir zu sagen haben, kann wichtig und von einzigartigem Werte sein.

Alle Träume – Gleichnisse

Die Geheimschrift des Traumes ist in Symbolen, in Sinnbildern geschrieben, die Du enträtseln lernen mußt. Bilden diese Symbole doch in ihrer Gesamtheit eine Sprache, die, hoch über allen Sprachen der Welt, die **universale Sprache des Geistes** ist, jedem verständlich, der einmal ihre Schlüssel fand.

Die Enträtselung der Träume ist heute wieder im Begriff eine große bedeutungsvolle Wissenschaft zu werden. Es ist nicht möglich, hier mehr als einen gedrängten Abriß von ihr zu geben. Er mag aber genügen, um Dir den Faden in die Hand zu spielen. Auch hier muß wesentlich eigene Arbeit Dich weiter bringen. Wer ins Traumgeheimnis eindringen will, braucht nicht scharfen Verstand, muß aber Fantasie und einiges Einfühlungsvermögen für seine eigenartige Bildersprache besitzen. Nur so wird er dahinterkommen, was ihm die **psychische Gleichgewichtsstörung**, deren feinster Barometer der Traum ist, sagen will.

Du mußt Dir also klar sein, daß jeder Traum entweder ganz oder teilweise symbolisch zu verstehen ist. Ein kinderloser Kaufmann träumt, daß er sein kleines Kind ins Wasser werfe. Deutung: er gibt einen neuen Plan auf, den er gerne gehegt hat. Ein Offizier träumt, daß man ihn in voller Uniform in den Sarg lege. Deutung: er wechselt den Beruf, „stirbt" also als Offizier. Wenngleich nun auch jeder Einzelne seine eigenen, für ihn bezeichnenden Traumtypen hat – und dies umso mehr, je entwickelter sein geistiges Leben ist – so steht doch erfahrungsgemäß fest, daß gewisse Traumsymbole bei den meisten Menschen in bestimmter Bedeutung wiederzukehren lieben, die zu kennen also nützlich ist.

Körpersymbolik

Körperglieder z. B. stehen gerne für Familienglieder oder wertvolle Besitztümer, namentlich die Zähne, deren Verlust ein beliebtes Bild für den Verlust Verwandter ist. Umgekehrt heißt: neue Zähne – neue Güter und dergleichen. Interessant ist, daß die einzelnen Glieder und Körperöffnungen für einander eintreten können, z. B. der Daumen für das Geschlechtsglied, das Nasenloch für das Ohr usw. Dasselbe gilt für die Körperflüssigkeiten. Milch kann z. B. Blut bedeuten. Zunahme des Körpers oder eines Teiles, z. B. des Gesichts, symbolisiert gerne Wohlergehen in materieller oder gesundheitlicher Beziehung. Abmagerung das Gegenteil. Verdoppelung des Körpers: Verheiratung. Auflösung, Verwandlung deutet auf den Tod. Der Körper selbst wird oft als Maschine oder Apparat dargestellt, noch lieber als Haus, in dem die einzelnen Räume den Körperhöhlen entsprechen. So werden etwa Kopf und Stirn als Obergeschoß oder Dachkammer gezeigt (Spinnen in der Bodenkammer: Kopfschmerzen), das Auge als Fenster, der Magen als Küche, der Darm als langer dunkler Gang oder Untergrundbahn, die Bauchhöhle als Keller. (Eine hohe Persönlichkeit betritt mit Licht den Keller kann z. B. heißen: ein Arzt untersucht die Bauchhöhle.) Blut zeigt sich als Licht, die Herztätigkeit als rhythmisch aufblinkendes und sich verdunkelndes Licht. Auch die rote Farbe ist oft Blutsymbol, z. B. rote Rosen, rote Tapeten, Hemden, Kleidungsstücke. Tränen malen sich gerne als Perlen.

Geldsymbole

Entsprechend seiner Rolle im Tagesleben gibt es unendlich viele Geldsymbole auch im Traume. Darunter – der Form nach – sehr gegensätzliche. Alles, was mit Gold und Silber zu tun hat oder danach aussieht, ist so zu verstehen. Goldenes Haar, Wertsachen usw. (Haarabschneiden d. i. Geldverlust zufügen). Aber auch Ungeziefer aller Art, Läuse, Flöhe, Wanzen, ferner Kot, menschlicher oder tierischer Herkunft (der Vergleichspunkt liegt darin, daß auch er Arbeitserzeugnis, nämlich der Arbeit des Körpers ist). Häufig ist auch Blut ein Geldsymbol (man muß „bluten", d. h. zahlen). Alles was verzehrt wird, wie Fleisch, Brot, Kuchen, Wildbret, Viehherden usw. bedeutet gerne „Einnahmen", besonders beim Manne, ferner alle Fruchtbarkeitssymbole, die in anderem Sinne beim Weibe vorkommen, wie Eier, Früchte, Reis, Fisch.

Fruchtbarkeit und Liebe

Damit kommen wir zum umfangreichen Gebiete der Geschlechtssymbolik, die eine sehr bedeutende Rolle spielt. Um beim Weibe zu bleiben, so tritt das weibliche Hauptorgan, die Gebärmutter, sehr oft als leibliche Mutter auf. Ist sie „betrunken", so heißt das: in anderen Umständen. Süßigkeiten und Blumenpflücken sind Zärtlichkeiten, Liebesgenüsse. Die Kinder werden gerne als Juwelen, Spiegelbilder, Lichtbilder dargestellt. Das männliche Geschlechtsglied tritt in den verschiedensten Verkleidungen auf, gerne als Lanze, Pfeil, Gewehr, Revolver, bei Frauen seltsamerweise als Vater. Der männliche Samen als Mehl oder Wein. Soll der wirkliche, leibliche Vater gezeigt werden, so geschieht das mit Vorliebe in der Maske irgendeiner achtunggebietenden Persönlichkeit, als Kaiser, Feldherr, Chef und dergleichen.

Tiersymbole

Tiere bedeuten sehr Verschiedenes, oft Gefühle und Leidenschaften. Hunde z. B. niedere sinnliche Begierden; Katzen falsche, feindselige Gedanken; große Raubtiere (Löwen, Krokodile usw.) Gefahren; Pferde: feurige Sinnlichkeit; Würmer, Maden, Schlangen: Krankheit oder irgend eine Widerwärtigkeit; Fabeltiere: gegnerische Gedanken.

Tod und Leben

Die Lebenskraft drückt sich in Ofenfeuer und Kohlenvorräten aus, auch wohl in grünenden oder immergrünen Bäumen und Pflanzen, sowie in hellen, strahlenden Flammen. Krankheit gerne als fressendes Feuer mit oder ohne Rauch, zuweilen als eindringendes und steigendes Wasser, auch schwarze Tiere (Hunde, Mäuse, Katzen, Raben) gehen auf Tod und Krankheit.

Manchmal zeigt sich der Tod als Person, als Gerippe, Fährmann, Geistlicher, Fremder usw. Seine Farben sind schwarz, weiß, grau, blau, violett, purpur. Krankheits- und Todesnähe drückt sich im Bilde der Verlobung aus, der Tod selbst als Hochzeit.

Wettersymbole

Wolken und besonders Gewitter besagen stets Gefahren. Flammende Inschriften sind Warnungen, besonders bedeutungsvoll, wenn sie am Himmel auftreten. Sonniges Wetter, lachende Landschaft symbolisiert immer guten Stand der Dinge oder auch einer bestimmten Angelegenheit. Je dunkler die Witterung bei einer Szene, umso trüber ihr Sinn. Ernstere Gefahren zeigen sich wohl im Bild eines durchgehenden Autos, Gespannes, eines dahinjagenden Eisenbahnzuges, und wenn es sich um große Katastrophen oder Umwälzungen handelt, so erlebt der Träumer kosmische Symbole wie Überschwemmung, Erdbeben, Herabstürzen oder Verfinsterung von Sonne oder Mond, Kometen, Feuergestalten am Himmel.

Bewegungsträume

Die ungemein häufige Fahrt im Wagen, Bahn, Schiff, ist die Lebensreise, auf der wir alle begriffen sind. Je glatter und rascher sie verläuft, um so glatter die Lebensfahrt. Je hindernisreicher, umso mühevoller das Dasein oder das Ereignis, das uns gerade beschäftigt. Fliegeträume pflegen Ehrgeizträume zu sein (man erhebt sich über andere). Rhythmische Fortbewegung (Reiten, Schwimmen, Radfahren, Tanzen usw.) ist gewöhnlich Erotik.

Zweck und Ziel des Träumens

Alle diese tausendfältigen Bilder entnimmt der Traum Deinem Gedächtnisschatz und stellt sie zu seinem Zwecke zusammen. Ein Symbol kann also, je nachdem, sehr verschiedene Bedeutung haben. **Der Wert der Symbole ist nie ein absoluter.** Was Du erlebst, sind Zweckhandlungen, bei denen Du selber Zuschauer und Schauspieler bist. Es liegt demnach eine Persönlichkeitsspaltung vor, indem alle Personen, die in Deinem Traume auftreten und handeln, im Augenblick des Erwachens wieder zu Deiner einheitlichen Gesamtperson zusammenfließen. Das ganze Kaleidoskop das Du erlebst, bist Du selber. Zweck des Ganzen ist, starke Spannungen, die in Dir bestehen, auszugleichen. Die meisten Träume sind in irgend einem Sinne Wunsch- oder Furchtträume. Sie sind dies umso mehr, je unentwickelter Deine Seele ist. Dies halte fest!

Traumkontrolle als Seelenbarometer

Ständige Traumkontrolle gibt Dir fortlaufend Einblick in die Vorgänge Deines eigenen Inneren. Du erkennst, welcherlei Wünsche und Befürchtungen in Dir lebendig sind; Du erfährst ohne Umschweife, d. h. auch ohne ästhetisch-sittliche Beschönigung oder Verkleidung, *wo Du noch nicht zum Überwinder wurdest*. Du mußt also lernen, Dich mit Deinen Träumen selbstkritisch auseinanderzusetzen.

Je tiefer Du eindringst, umso klarer wird Dir werden, daß viele Träume einen geheimen Doppelsinn haben, der Dir erst bei einem gewissen Reifegrad Deiner Entwicklung aufgeht. Liebe und Tod, Vater und Mutter und andere Zeichen bergen noch **einen höheren mystischen Sinn**, den Du finden mußt. Tritt die Seele selber im Symbol auf, so erlebst Du sie als Vogel, und auch der Flugtraum entschleiert Dir in Verbindung damit manch Geheimnis.

Je weiter Du kommst, desto mehr wird sich der Charakter Deiner Träume ändern. Vieles, was im Vordergrund stand, wird verblassen. Neue Zeichen und Szenentypen tauchen auf, – Du aber lerne aus ihnen allen. Allmählich – entsprechend Deiner inneren Entwicklung und Konzentrationsfähigkeit mischen sich

Träume eines höheren Types in die Spiele der niederen Bewußtseinssphären, und Du bekommst Beweise für das praktische Erwachen höherer Kräfte in Dir: die Durchchristung und Erleuchtung der Seele aus der höheren Dreiheit heraus beginnt Dir bewußt zu werden. Die niedere Vierheit, einschließlich des Körpers, verfeinert sich, wird aufnahmefähig für diese hochgeistigen Impulse und tritt in den Dienst des übergeordneten Systems.

Hand in Hand mit dieser Traumpraxis, über welche Du in den Erläuterungen Genaueres erfährst, geht die weitere Schulung der Gedankenkräfte. Vor allem:

Die große Konzentration

Sie wird auch Sammlung oder Versenkung genannt und zerfällt in eine passive und eine aktive Phase. Die passive Phase geht voraus; sie bezweckt, eine möglichst völlige Ruhigstellung der gesamten niederen Vierheit um – so weit angängig – jeden unnützen Kraftverbrauch nach dieser Seite zu vermeiden. Der Gelehrte, der ganz in seinem Werke aufgeht, der Handelsmann, der ganz zu dem Gedanken „Geld" wird, – sie üben bereits unbewußt eine gewisse Stufe dieser Konzentration. Nur ihr verdanken sie es, wenn der Gelehrte ein erstklassiges Werk schreibt, das ihn berühmt macht, und wenn der Händler eine Finanzgröße wird, die endlich auf Völkerschicksale Einfluß gewinnt.

Dieses Sich-auf-einen-Punkt-richten sollst Du nun systematisch entwickeln lernen. Das geschieht so:

A. Passive Phase: Schalte alle äußeren Reize aus. Wähle ein abgedunkeltes Zimmer. Sorge dafür, daß vollkommene Stille um Dich herrscht und Du allein bleibst. Dann geh in eine geeignete Ruhestellung über, versuche es zunächst mit der folgenden: Nimm Platz auf einem bequemen Stuhl, möglichst Lehnstuhl. Setze Dich in zwangloser Haltung, den Rücken und Kopf angelehnt, die Hände auf den Knien, die Füße parallel gestellt, 10-15 cm voneinander entfernt. Schließe die Augen.

Hierauf suche sämtliche Muskeln des Körpers in einen möglichst vollkommenen Erschlaffungszustand zu bringen. Geh dabei ganz systematisch vor: richte Dein inneres Augenmerk etwa zunächst auf den linken Arm. Denke beharrlich, daß er in ganzer Ausdehnung sich entspannen soll; es ist ein Gesetz, daß diese Entspannung umso vollständiger gelingt, je genauer Du daran denkst. Denke etwa erst: der Oberarm soll erschlaffen, stelle Dir dies im einzelnen vor. Stelle Dir vor, wie die Muskelfasern, eine nach der anderen, ihr Gespanntsein aufgeben. Denke: „Ich ziehe meine Kraft ganz heraus!"

Dann verfahre nacheinander ebenso mit dem Ellbogen, dem Unterarm, dem Handgelenk, den Fingern. Tue dasselbe mit dem rechten Arm, und laß den ganzen übrigen Körper folgen.

Das erste Ziel dieser Erschlaffungsübung ist erreicht, wenn Du Deine sämtlichen Glieder nicht mehr fühlst. Die Atmung soll während des ganzen inneren Vorganges ruhig und gleichmäßig weitergehen.

Als zweites Ziel bringe nun Deine sämtlichen Gedanken zur Ruhe. Das ist der schwierigere Teil Deiner Aufgabe und klingt leichter als es ist. Gerade wenn man den Ruhepunkt zu erreichen trachtet, pflegen die Gedanken in sprunghaftem Hin und Her sich dagegen zu wehren; sie benehmen sich wie eine Herde „kletternder Affen" oder wie ein aufgestöberter Bienenschwarm und empören sich gegen die zwingende Kraft, die sie beherrschen will. Eine andere Schwierigkeit besteht in einer bei manchen Menschen gerne auftretenden Schlafneigung. ***Merke aber, daß Du unter keinen Umständen einschlafen darfst!*** Vielmehr sollst Du durchaus wach bleiben, ja einen **Zustand besonders hellen Wachseins** pflegen, der die Grundlage für alles weitere ist.

Es ist zweckmäßig, sich bei diesem ganzen Prozeß von der Vorstellung einer kerzengerade brennenden, aufrechten Flamme leiten zu lassen, also etwa in Gedanken festzuhalten: „Ich bin hellwach und gleiche einer ruhig brennenden Flamme!"

Der Zustand der absoluten inneren Unbewegtheit, der hierdurch erzeugt werden soll, **ist von ganz besonderer Art** und wird Dir vermutlich erst nach einigen Versuchen gelingen. Diese Versuche dürfen sich namentlich auf die äußere Haltung erstrecken. Kommst Du in der angegebenen Stellung nämlich nicht, wie gewünscht, zum Ziele, so wiederhole den Versuch in einer anderen Stellung, z. B. im Liegen auf dem Rücken, auf der Seite, im Knien, Hocken. Auch kannst Du den Händen eine andere Haltung geben, kannst sie falten, lose zur Faust formen und im Schoße so gegeneinander stellen, daß die Außenflächen der Finger aneinander stoßen, sich berühren. Die am besten bewährte Stellung behalte dann bei. Opfere, wenn nötig, mehrere Tage, um sie herauszufinden. Nur der eigene praktische Versuch bringt Dich weiter.

Das Ziel ist, wie gesagt, die vollendete hellwache äußere wie innere Unbewegtheit. Ist sie erreicht, so folgt die:

B. Aktive Phase. Diese kann sich, je nach Deinem Vorhaben, sehr verschieden gestalten. Sie kann bestehen aus:

1. einem **Selbstbefehl** oder
2. einer **Betrachtung** (Meditation) oder
3. einer **Beschauung** (Kontemplation).

1. Selbstbefehl und Glaube

Der Selbstbefehl (Die Autosuggestion) ist die weitaus wirksamste Art, in der Du Deine Gewohnheiten beeinflussen kannst, und zwar bis tief ins organische Gebiet hinein. Sie ist der **geistige Flankenangriff**, der Dich bestimmt zum Siege führt, selbst, wo es sich um eingewurzelte Mängel handelt und selbst, wo der Frontangriff nicht voll ausreiche.

Du mußt dabei nach vorher festgelegtem Plane vorgehen, d. h. **Suggestionsformeln** gebrauchen, die – wie nochmals gesagt sei – positiv, schlagend und kurz sind. („Ich bleibe unter allen Umständen mutig!" – „Ich beherrsche mich von Tag zu Tag besser!" – „Meine Gesundheit ist unanfechtbar!" usw.)

Handelt es sich um einen ganz bestimmten, engbegrenzten

Gegenstand, so ist es gut, wenn Du Dir ein möglichst scharf umrissenes Vorstellungsbild von dem erstrebten Ziel machst, also Dir z. B. Dich selbst vorstellst mit der gewünschten Eigenschaft versehen usw. Je lebhafter die Farben und Formen dieses Vorstellungsbildes, umso besser. Umso exakter wird es von den Bildekräften Deines Organismus ausgeführt und in die Tat umgesetzt. **Dein fluidischer, geistiger Körper gehorcht dem Befehl** und setzt – einerlei, ob er nur allgemeine oder genau umrissene Anweisungen erhalten hat – die zur Erreichung des Zieles notwendigen Kräfte mit der Sicherheit eines mathematischen Gesetzes in Bewegung. Er macht das Befohlene kritiklos zu seinem Glaubenssatz und gehorcht ihm blind. Jeglicher Glaube ist so oder ähnlich entstanden.

Der Einpflanzungs- oder Einprägungsakt selber kann auf verschiedene Art und Weise vorgenommen werden. Die einfachste besteht darin, daß Du Dir den Befehlssatz geistig, also innerlich vor- und einsprichst. Das hat langsam, Wort für Wort, unter Absetzung jedes einzelnen Wortes zu geschehen. Auch mußt Du den Satz mehrfach in kurzen Abständen wiederholen. Außer diesem einfachen, sozusagen Grundverfahren, gibt es noch andere, mit denen Du im weiteren Verlauf der Schulung bekannt werden wirst.

2. Wesen der Betrachtung

Bei der **Betrachtung (Meditation)** handelt es sich um die innerliche Versenkung in eine Folge von Bildern nebst den dazu gehörigen Begleitgefühlen. Bilder wie Gefühle sind genau vorgeschrieben. Die engere Betrachtung beginnt mit der Ausmalung des Anfangsbildes bis auf Einzelheiten. Dies hat mit absoluter Ausschließlichkeit zu geschehen, was bei richtigem Üben der ersten passiven Konzentrationsphase auch keine Schwierigkeiten macht. An die „Erfassung" schließt sich die Entwicklung der Bilderfolge vor dem geistigen Auge, die mit einer entsprechenden Hineinversenkung Hand in Hand geht. Diese Versenkung soll mit solcher Innigkeit erfolgen, **daß**

Betrachter und Betrachtungsgegenstand sozusagen zu eins verschmelzen. Ist dies richtig gelungen, so ergibt sich daraus endlich, als drittes Stadium, die **Erleuchtung oder Inspiration**, ein Begreifen und Verstehen des tiefsten Wahrheitsgehaltes der ganzen Bilderfolge. Nur das vermagst Du nämlich in seiner ganzen Tiefe zu verstehen, womit Du innerlich bewußtseinsmäßig zu verschmelzen vermagst. Dies ist ein Vorgang von ganz eigener, besonderer Art, der im ganzen weniger beschrieben werden kann, als vielmehr erlebt werden muß.

3. Wesen der Beschauung

Sie ist, wie schon der Name andeutet, ein Verharren vor einer einzigen – meist bildhaften – Vorstellung, und zwar ein **bewegungsloses Verharren**. Der Geist ist völlig unbewegt auf einen bestimmten Gegenstand gerichtet und erlebt auch hier, bei entsprechender Übung und Veranlagung, den geschilderten Verschmelzungsvorgang des Bewußtseins. Die höheren Grade dieses Zustandes zeigen sich als Ekstase und werden nicht jedem ohne weiteres zuteil. Sie zu erreichen ist wünschenswert, wenn besonders intensive Nachwirkungen auf das praktische Leben erzielt werden sollen. Hierüber an Ort und Stelle mehr.

Ehe wir nun in die praktischen Übungen der III. Stufe eintreten, vergegenwärtigen wir uns, daß die unter 5 bis 7 genannten Übungen der Vorstufe (also Ruheübung, Akkumulatorübung, Tageskritik) als Dauererwerb beizubehalten sind. Wir wollen ja nicht einen Kursus durchlaufen, in dem Stufe um Stufe als peinlicher Lernstoff absolviert wird, um nachher mehr oder weniger vergessen zu werden. *Wir wollen eine Wandlung und Entwicklung des ganzen Wesens erzielen*, wollen Dauereigenschaften von höchstem Werte bilden, die – als unverlierbares Gut – uns zu eigen bleiben.

Praktische Übungen der III. Stufe:

1. Zeichne allmorgendlich Deine Träume auf und suche Dir

über die Bedeutung klar zu werden.
2. Übe jeden Morgen fünf Minuten die Kraftatmung.
3. Mache täglich eine Konzentrations-Vorübung und zwar abwechselnd:
   a) die Figurenübung, oder
   b) die Fantasieübung.
4. Übe täglich die Punktfixation.
5. Stelle täglich abwechselnd eine Betrachtung an über:
   a) „Tod und Begräbnis,"
   b) „Der Baum des Lebens."
6. Übe den geistigen Flankenangriff.

Erläuterungen:

Zu 1: Die Träume zeichnest Du am besten in Deinem Tagebuch auf, das Du darauf einrichten oder umstellen mußt. Zweckmäßig ist es, auf die linke Seite (oder Halbseite) die Träume, auf die rechte Seite (oder Halbseite) die Tageserlebnisse zu schreiben, die Du mit den Träumen irgendwie in Beziehung bringen kannst. (Siehe unten!)

Dein Traumerleben spielt sich im fluidischen Körper, also ohne Vermittlung der Sinnesorgane ab. Es tritt gewissermaßen von einer anderen, ungewohnten Seite an Dein Ich heran. Die Folge ist, daß Du dazu neigst, diese Erlebnisse von vornherein zu vergessen, wenn sie nicht sofort Deinem physischen Gedächtnis eingeprägt werden. Es ist also durchaus notwendig, alles Geträumte sofort nach dem Erwachen zu notieren, wenigstens in Stichworten, die man nachher ergänzt. Das Stichwort, wenn geschickt gewählt, genügt, um Dir das Ganze wieder ins Gedächtnis zu rufen.

Bei der Verarbeitung jedes Traumes denke daran, daß die weitaus meisten Träume irgendwie **Wunsch- oder Furchtträume** sind. Du siehst durch sie in die geheimsten Kammern Deines Hoffens und Sorgens hinein. Die Urelemente des Traumes, seine Bilder, sind lediglich die Hilfsmittel, mittels deren er einem Gedanken Ausdruck geben will, nicht mehr! Auch da, wo seltene oder lang vergessene Bilder auftauchen, sind sie nicht Selbstzweck, sondern stets Mittel zum Zweck. Und diesen Zweck heißt es zu finden. Ein Toter, der Dir im Traum erscheint, braucht nicht wirklich als der Tote gemeint zu sein, sondern will Dir vielleicht nur sagen: „Etwas Altes, Versunkenes kehrt wieder!" Eine große Versammlung, in die Du gerätst, will am Ende nur andeuten, daß Du mit vielen Menschen in Berührung kommst. Bilder, Bilder, vergiß das nicht! Zuweilen die wörtliche Verbildlichung eines Satzes, eines Sprichwortes, einer Redensart. „Ein Auge auf jemand werfen", „jemand einwickeln", wird wörtlich dargestellt.

Wie dies aber dargestellt wird, läßt sich bei der unendlichen Fülle der möglichen Vergleichspunkte niemals berechnen, da sämtliche, auch die oben angegebenen Zeichen, keinen absoluten, sondern nur einen relativen Wert haben, der je nachdem wechselt.

Du wirst im Suchen der richtigen Deutung also höchstwahrscheinlich in der ersten Zeit sehr oft daneben hauen. Dies laß Dich nicht anfechten. Bleibt ein Traum Dir zunächst unverständlich, prüfe ihn morgen oder übermorgen von neuem. Je mehr Deine innere Entwicklung fortschreitet, desto mehr klare Beziehungen wirst Du zu Deinem Tagesleben entdecken.

Nicht umsonst arbeitest Du an der Überwindung des Fürchtens und Begehrens, ja überhaupt der Leidenschaft. Das ist kein sinnloser Sport, sondern hat den ernsten Zweck, das Wellengekräusel Deines Seelenspiegels zu glätten und ihm damit die Möglichkeit zu geben, klare Bilder der geistigen Welt widerzuspiegeln, den Wahrheitsgehalt der Dinge möglichst treu aufzunehmen und Dir zu übermitteln. In die Affektträume werden sich allmählich **Wahrträume** verschiedener Art mischen; zuerst solche, die Dir Veränderungen innerhalb Deines physischen Körpers melden, sodann Meldungen aus der „Außenwelt", die Dich irgendwie angehen, sei es nun aus der näheren oder weiteren Umgebung, endlich Träume, die

Künftiges malen und Dir den praktischen Beweis einer Geschehens- und Erlebnisebene liefern, für die alles Geschehen Gegenwart bedeutet.

Um den Gehalt eines Traumes in dieser Richtung festzustellen, beginne jene Deutung mit der Überlegung: wie weit handelt es sich etwa um Wunsch, Erwartung, Furcht? Wie weit könnte es mehr als das sein? Was Du gefunden zu haben glaubst, notiere in der rechten Spalte neben der Traumaufzeichnung. Auch ist es gut, sämtliche Träume von Zeit zu Zeit wieder durchzulesen, sie zeigen Dir dann häufig ein neues Gesicht. Achte vornehmlich auf die häufiger wiederkehrenden, sie pflegen für Dich irgendwie von besonderer Bedeutung zu sein.

Zu 2: Zur Kraftatmung stelle Dich frühmorgens im Hemd mit der Front zum Fenster, Füße im spitzen Winkel zueinander, Blick geradeaus. Stoße die geballten Fäuste parallel zueinander, gerade nach vorne (Ausgangsstellung). Nun führe die Kraftatmung in drei Teilen aus:

a) Langsame Einatmung. Gleichzeitig die scharf durchgedrückten Arme und Fäuste seitwärts führen, bis sie waagerecht horizontal stehen.

b) Hierauf langsame Ausatmung. Gleichzeitig Arme und Fäuste zu beiden Seiten abwärts führen, bis sie senkrecht zur Erde zeigen.

c) Atempause. Gleichzeitig die Arme mit gleicher Faustballung zur gestreckten Ausgangsstellung nach vorne führen.

Alle Bewegungen haben **ganz langsam** zu geschehen, und jedes der 3 Tempi soll 10 Sec. dauern. Anfangs Uhrkontrolle. Die durchgedrückte Haltung der Arme darf nicht gelockert werden.

Zu 3: a) Figurenübung:
Ausführung: In beliebiger Ruhestellung nimm einen kleinen Gegenstand in die Hände, Bleisoldat, Püppchen, Lichtbild eines Menschen, kleines Landschaftsbild (Ansichtskarte) usw.

Betrachte ihn von allen Seiten so genau wie möglich. Denke nichts in der Welt als – Du und der Gegenstand. Achte auf alle Einzelheiten und präge sie Dir ein, auch die geringfügigsten. Dann schließe die Augen und suche Dir das gesehene Bild mit allen Einzelheiten so scharf ins Gedächtnis zu rufen, daß Du es gewissermaßen greifbar vor Dir siehst. Dehne Deine Bemühung so lange aus, bis dies der Fall ist. Sobald das geschehen, öffne die Augen und vergleiche Dein Gedankenbild mit dem wirklichen. Stelle Abweichungen richtig.

Wiederhole den Versuch mit demselben Gegenstand. Wiederhole ihn öfters im Laufe des Tages mit beliebigen, doch mit nicht zu großen anderen Gegenständen.

b) Fantasieübung:

Schreibe aufs Geratewohl mit Bleistift 9 Gegenstände, die Dir beiläufig einfallen, auf einen Zettel. Schließe die Augen und suche Dir diese Gegenstände, einen nach dem anderen, so scharf wie möglich bildlich darzustellen. Jeder Gegenstand ist erst dann richtig gesehen, wenn Du ihn gleichsam zum Greifen deutlich vor dem inneren Auge gehabt hast. Wiederhole diese Übung gelegentlich im Laufe des Tages an anderen, wiederum frei gewählten Gegenständen.

Zu 4: Die Punktfixation

wird folgendermaßen ausgeführt: Zeichne Dir auf ein kleines Stückchen weißes Papier einen Kreis von etwa 2 cm Durchmesser, in demselben einen dicken Punkt von etwa einem Fünftel des Gesamtdurchmessers. Setze Dich in 1 1/2 m Entfernung davor ruhig und bequem auf einen Stuhl, fasse den Punkt ins Auge. Fixiere ihn, ohne mit der Wimper zu zucken, zunächst 1 Minute lang, ohne Dich vom Platze zu rühren. Nach Ablauf dieser ersten Minute verändere Deine Stellung, indem Du den Körper langsam – dem Punkte näherrückend – nach vorne und wieder zurückbeugst. Führe dies während der ganzen zweiten Minute mehrfach aus.

Steigere die Übungsdauer jeden zweiten Tag um eine volle Minute, bis zur Höchstdauer von 12 Minuten.

Wollen Deine Augen brennen oder tränen, so ziehe Deine Augenbrauen kurz hoch, dann verliert sich die Störung. Auch kannst Du die Augen, wenn nötig, nach der Übung mit kaltem Wasser oder kühler Kamillenabkochung waschen.

5a.) Die Betrachtung „Tod und Begräbnis"
soll in vollkommener äußerer wie innerer Ruhe ausgeführt werden, also am besten des Abends.

Nach Durchlaufen der passiven Einleitungsphase male Dir folgende Vorgänge so bildhaft wie möglich aus, gleichsam als stündest Du davor und beobachtetest das alles: Ein Mensch ist gestorben, der letzte Atem entflohen, das Auge gebrochen. Steif und starr werden die Glieder, die Haut wird wie Wachs. Grüne und blaue Leichenflecken bilden sich auf dem Rücken und überall, wo der Körper aufliegt. Aus dem Munde rinnt bräunliche Zersetzungsflüssigkeit. Der ganze Körper beginnt zu riechen. Und für diesen Körper hast Du so unendlich viel getan. Hast ihn gefüttert, als gäbe es nichts Kostbareres. Du hast Dich ihm so und so oft untergeordnet, wenn er fleischliche Gelüste hatte, hast seine Sinne befriedigt. Und was erntest Du dafür! **Das, was Du vor Dir siehst!**

Man putzt nun den Leichnam heraus, gibt der wertlosen Hülle der Seele feierliche Gewänder, umhüllt sie mit Blumen, küßt sie womöglich. Dann packt man sie in den dunklen Sarg, schließt den Deckel, schraubt ihn zu. Man senkt den Sarg ins Grab, bedeckt ihn mit Erde und überläßt ihn seinem Schicksal. Die Glieder der Leiche werden schwammig weich, fühle das! Der Mund ist auf und entleert aashafte schleimige Flüssigkeit, die den Sarg verpestet, rieche das! Die Kränze sind längst verfault und riechen modrig. Bald wimmelt der ganze Leib von Maden und Würmern, betrachte das Bild, höre wie das Getier sich durch die Muskeln windet und sie langsam auseinandersprengt. Würmer kriechen durch die Augenhöhlen, durch die Lungen. Maden winden sich im Darm. Milliarden von Bakterien fressen alle Weichteile als willkommene Beute. Der Leib sinkt zusammen, klafft in Rissen, schau hin! Überall blinken die weißen Sehnen offen, und auch sie werden zernagt und zerstört. Der ganze Körper – ein Jammerbild. Und für dieses Jammerbild hast Du oft und oft Deinen besseren Teil verraten, warst dem Leibe über Gebühr gefällig, hast ihn verhätschelt und verzärtelt als sei er Dein Allerkostbarstes! Was erntest Du nun dafür? **Das, was Du vor Dir siehst!**

Jetzt, sieh hin, ist nur der Schädel und das blanke Skelett noch übrig von der ganzen Herrlichkeit. Der Tote war vielleicht eitel und stolz auf seine Schönheit, wo ist sie nun? Er bildete sich etwas ein auf seine glatte Haut, auf seine Muskelkraft, auf seinen schönen Kopf. Nackt grinst sein Schädel Dich an, leer die Augenhöhlen, lippenlos die Zähne, schlotternd der Kiefer. Nur kurze Zeit, dann ist auch das Knochenskelett Staub und Asche. Du kannst es mit dem Hauche Deines Mundes in alle Winde blasen. Und war doch einmal ein Mensch! Wahnwitzige Überschätzung, die in diesem Moder den Sinn des Lebens sah! Wende Dich ab, **wende Dich ab von diesem Wahngebilde!** Jeden Augenblick kann auch Dir die Glocke schlagen. Nur ein Äderchen in Deinem Hirn braucht zu platzen, nur ein lebenswichtiges Zentrum im Rückenmark zu versagen, nur das Herz stillstehen, und Du trittst auf die Brücke in die jenseitige Welt. Die Sekunden rasen dahin und jede einzelne bringt Dich dem Ziele näher. Unwiderruflich jagen die Uhrzeiger ums Zifferblatt. Jede Minute kommt und geht auf Nimmerwiederkehr. Dein ganzes Leben ist ein einziger Sturz in den Tod. Und diese kurze Phase, die Dir gegeben ist, füllst Du mit Nichtigkeiten aus?

Wende Dich ab, o wende Dich ab von dem Vergänglichen und führe Deine Seele in das leuchtende Reich erhabener Gedanken. Wende Dich ab, *o wende Dich ab vom Sterblichen und ringe Dich empor zur Unsterblichkeit!* Wende Dich ab, o wende Dich ab von der Form, die zerbricht – mag sie noch so lockend sein – und **erkenne den Geist, der über und hinter allen Formen steht,** der sie alle überdauert und überragt, weil er sie alle schuf! Wende Dich ab, so wirst Du gerettet vor der Vernichtung!

5b.) Die Betrachtung „Der Baum des Lebens"
wird in gleicher Weise vorgenommen wie die vorige. Versenke Dich in vorgeschriebener Art in folgendes Bild: Über einem ewigen Quell steht immergrün ein gewaltiger Baum. Sieh, wie breit und mächtig seine Äste nach allen Seiten ausladen. Wie frisch und lebensvoll das Grün herüberwinkt. Ist es eine Eiche? Ist es eine Esche? Mächtig wie das Weltall ragt er empor, Du kannst seinen Wipfel nicht mehr erkennen. Ein Kraftstrom speist den ganzen Baum von der Wurzel bis zum Wipfel und verteilt sich bis in die letzten und feinsten Zweige. Tritt näher und betrachte die einzelnen Blätter; jedes ist vom anderen verschieden, jedes hat seine, nur ihm eigenen Besonderheiten. Male Dir das im Einzelnen aus.

Ab und zu verdorrt ein Zweig. Dann sagt der Mensch: Eine Tiergattung stirbt aus, ein Volk verdirbt. Ab und zu treibt der Baum neue Zweige. Dann sagt der Mensch: Eine neue Pflanze, eine neue Nation tritt auf den Plan! Regelmäßig fallen Blätter welk zur Erde, das sind Leichen, die sich in die Elemente auflösen. Jeder Tote ist solch welkes Blatt, und nie erringt ein welkes Blatt als solches das ewige Leben. Wo aber sind des Blattes Wege zur Unsterblichkeit?...

Zwei Wege gibt es, der eine nach außen, der andere nach innen. Entweder muß der Saft, der das Blatt speiste, sich zur Blüte wandeln; sie drängt nach außen, wird befruchtet und entwickelt sich zur Frucht. Ein neuer Baum entfaltet sich neben dem alten, um binnen kurzem dasselbe Spiel bis ins Endlose zu wiederholen. Das ist der Weg vom Urquell weg, der Weg der äußeren Befruchtung, der Weg nach außen. Oder der Saft, der das Blatt speiste, tritt zurück in den Zweig, in den

Stamm, vereinigt sich mit dem ursprünglichen Säftestrom, der da ist von Anfang an, der ihm Vater ist und Mutter zugleich, das ist der kürzeste Weg zur Unsterblichkeit, der Weg an Gottes Herz, der Weg der inneren Befruchtung, der Weg nach innen.

Zwei Wege gibt es. Welcher war bisher der Deine? Welcher wird künftig der Deine sein? Auch Du bist ein Blatt am Weltenbaum. Auch Du hast die Wahl, welchen Weg Du gehen willst. Gingst Du bisher den äußeren? Aus Gedankenlosigkeit? Aus Pflichtgefühl gegen Dein Volk? Deine Familie? Hast Du noch nie die Schauer des Vergehens gefühlt, die jeden durchbebt, der seine ganze Kraft im äußeren Weg erschöpft? Klang noch nie die Mahnung an Dein Ohr: „Wirf das Steuer herum!"

Fortdauer in Kind und Kindeskind erspart Dir nicht den Tod Deines Bewußtseins: Die Rasse lebt fort, der Einzelne stirbt. Willst Du selber ins Ewige Leben gehen, so mußt Du Dich wandeln und den Weg ins große Innen wählen, den Weg ins unnennbare Heiligtum. So mußt Du Dein Bewußtsein schon jetzt vorbereiten für die kommende Vereinigung. So mußt Du den Säftestrom zurücktreten lassen zu rechter Zeit und mit vollem Willen. So nur wirst Du das rechte Gefäß. So nur erringst Du das köstlichste Gut. So nur wird die Krone des Lebens Dein, nach der die Besten gestrebt haben seit grauer Zeit. Hänge diesen Gedanken in ausschließlicher Hingegebenheit nach, beleuchte sie von den verschiedensten Seiten. Geh vollständig darin auf. Suche in Dir das Gefühl einer heiligen Sehnsucht zu erwecken. Und immer wieder greife auf das Bild des Baumes zurück. Wechsele jeden Abend mit der vorigen Betrachtung ab, so daß Du also immer einmal die Todes- und einmal die Lebensbaumbetrachtung ausführst. Dehne die im allgemeinen nicht über oder unter eine halbe Stunde aus. Hast Du die vorgeschriebenen Gedankengänge sehr rasch durchlaufen lassen, so wiederhole sie nochmals. Kontrolliere Dich nach der Uhr.

Zu 6: Den geistigen Flankenangriff
führst Du am besten als **Einschlafübung** aus. Hast Du Dich zur Nacht bequem zurechtgelegt, so übe das beschriebene Erschlaffungsverfahren. Es wird Dir im Bett besonders leicht fallen und gib Dir im richtigen Augenblick die vorbereiteten Selbstbefehle. Es kommt darauf an, den Augenblick zwischen Wachen und Einschlafen zu erwischen. Du sollst den Befehl gewissermaßen mit in den Schlaf hinübernehmen. So muß auch die Nacht Deinem Aufstieg dienen. Je öfter Du dies übst, desto besser wird es gelingen. Ich rate, jede Woche den **Befehl nach Inhalt oder Form zu wechseln**.
Deine Tageseinteilung gestaltet sich demnach wie folgt:
Frühmorgens: Träume notieren, evtl. zunächst in Stichworten, Kraftatmung.
Im Laufe des Tages: Konzentrations-Vorübung, Punktfixation.
Abends: Betrachtung, Tageskritik und Plansetzung, geistiger Frontangriff.

<<>>

Vierter Brief

„Mache Dich auf, werde Licht!"

Stelle Posten an die Pforten der Sinne.
Magie des Auges – Die Entwicklung des Meisterblicks.
Seine Anwendungsweise.
Die Disziplin des Wunsches.
Hasse niemand – Fürchte nichts.
Die große Bruderschaft.
Die Lehre vom Rhythmus.
Vom Grundgedanken der Astrologie.
Vom Geheimnis der Atmung.
Die Periodik des Schicksals.
Alles verlieren heißt: alles finden.
Praktikum. Erläuterungen.
Selbstbefehle beim Kauen und Schlucken.

<<>>

Du hast nun in hohem Grade die Herrschaft über Deine eigene Persönlichkeit, einschließlich des physischen Körpers erlangt, hast auch die ersten wichtigen Schritte auf dem Wege in das innere Reich getan, in das Reich des Lebens und der Fülle. Ehe Du weiter vordringst ist es nötig, Dich vor Überrumpelungen zu schützen, die Deine Entwicklung unliebsam unterbrechen könnten. Solche Überrumpelungen geschehen stets auf dem Wege über die Sinne. Daher ergibt sich die Regel:

Stelle Posten an die Pforten der Sinne!

Wächter mit gekreuzter Hellebarde, die nur solche Eindrücke näher an Dich heran- und in Dich hereinlassen, von denen Du nichts zu fürchten hast. Du sollst also eine Auswahl treffen unter allen Dir begegnenden Dingen und nur mit solchen Dich näher befassen, von denen nicht zu befürchten ist, daß sie Deine Entwicklung stören könnten. Es wird freilich eine Zeit kommen, wo Du dergleichen Vorsichtsmaßregeln nicht mehr brauchst, weil Du die Welt im Ganzen anders siehst und empfindest, als ehedem. Vorläufig aber heißt es Vorsicht üben und vorbeugen. Denn heute bist Du noch nicht reif.

Meide also nach Möglichkeit lärmende Straßen mit aufgeregten Menschen. Sieh nicht in Schaufenster, die Dich erfahrungsgemäß zu reizen pflegten. Höre nicht Menschen zu, die Dir schmeicheln oder irgendwie anderweitig auf Deine Schwäche spekulieren; sie sind Lügner. Verkehre vielmehr, so weit überhaupt Verkehr erforderlich, mit guten wertvollen Menschen, einerlei, welch äußeren Standes sie sind. Lies gute, ernste Bücher. Treibe Musik. Kurz, lebe so, daß Deine innere Ruhe im Gleichgewicht bleibt.

In Menschen des anderen Geschlechts sieh grundsätzlich nur Schwester und Bruder. Laß auf niemand Deinen Blick länger ruhen, als unbedingt nötig. Der Blick ist ein Kuppler.

Magie des Auges

Es ist unbedingt erforderlich, daß Du die vollkommene Herrschaft auch über die Kräfte Deines Auges erlangst.

Das Auge ist weit mehr als nur der „Spiegel der Seele". Es ist die Austritts- und Eintrittspforte von Kraftströmen, die Du durchaus in der Kontrolle behalten mußt. Die Rolle des Auges kann aktiv oder passiv sein, je nach dem Seelenzustande, in dem Du Dich befindest. Bist Du passiv, so bist Du aufnahmebereit für fremde Einwirkung, und wenn Du in diesem Zustande einem anderen Menschen erlaubst, Dir ins Auge zu sehen, so hat er leichtes Spiel, Dich zu beeinflussen. **Der sprechende Mensch ist immer aktiver als der nicht sprechende.** Blickt er Dir ins Auge und spricht gleichzeitig auf Dich ein, so hat er von vornherein die Oberhand über Dich, oder doch die stärkere taktische Stellung. Durch das Auge sendet er ungehindert die Elektronenschwärme seiner Befehle suggestiv in Dein Inneres, und bist Du nicht auf der Hut, so gerätst Du in Nachteil.

Das Auge ist gewissermaßen der Lichttelegraph, dessen geheime Morsezeichen das Unterbewußtsein des Empfängers aufnimmt und in Handlung umsetzt. Wisse, daß dieser Telegraph auch unausgesprochene Befehle übermittelt! Du hast keine Gewähr, daß diese Befehle Dir nicht schaden. Übe also, namentlich jedem Fremden gegenüber, mit vollem Bewußtsein Vorsicht: Erlaube niemand, während er spricht, Dir ins Auge zu blicken! Wende den Blick, solange er spricht, von ihm ab, sieh unauffällig seitwärts. Je wichtiger eine Unterredung für Dich ist, desto strenger verfahre hiernach.

Zwingt er Dich auf irgend eine Art, ihn anzusehen, so tu das, indem Du Deinen Blick auf die Weite einstellst, ihn also sozusagen nicht selbst ansiehst, sondern den um ihn befindlichen Hintergrund. Und auch dies nur einen Augenblick. Erlaube ihm durchaus nicht, Deinen Blick etwa aufzufangen und festzuhalten: er wirft sonst über das Kabel des Blickes seine drahtlos-elektrischen Willensfunken in Dein Gehirn. Bedenke stets, daß Du – wie ein elektrischer Akkumulator – durchaus in einer gewissen Isolierung verharren mußt, wenn Du Deinen eigenen Weg gehen und von fremden, unkontrollierbaren Einflüssen frei bleiben willst. Jede Durchbrechung dieser Isolierung läßt Dich nicht nur wertvolle Kraft verlieren, sondern liefert Dich unter Umständen den feindlichen Mächten aus, die jeden Aufstieg, jede Harmonisierung, jede Kristallbildung im ernstlich Übenden zu stören trachten. Das Menschenauge ist der gewaltigste Verführer zum Bösen wie zum Guten. Nur dort darfst Du daher frei Auge in Auge weilen lassen, wo Du des Partners ganz sicher bist, so sicher wie Deiner selbst. Das ist der Fall in der Liebe, in der Freundschaft, und gegenüber solchen Menschen, denen Du völlig überlegen bist. Es ist natürlich von Vorteil, unbekannte Leute, mit denen Du zu tun bekommst, zu beobachten, um ein Urteil über sie zu gewinnen. Wähle dazu die Augenblicke, wo sie Dich nicht ansehen, sondern irgendwie mit ihren Blicken anderweitig abgelenkt sind. In solchen Momenten wirf blitzschnell Deinen Blick über ihr Gesicht, wobei Du Dir bewußt vornimmst, recht scharf und genau zu sehen. Studiere ihre Züge, Ihren Gesichtsausdruck, ihre unbewußten kleinen Bewegungen. Du wirst aus diesen sehr viel lernen, wenn Du einige Übung hast. Das machtvollste Mittel aber, einerseits um Dich vor Fremdeinflüssen zu schützen, andererseits um Dir Überlegenheit zu geben und Deinen Eindruck auf andere Nachdruck zu verleihen, ist der Meisterblick, auch aktive oder zentrale Blick genannt.

Die Entwicklung des Meisterblicks

Sie kann nur dann voll und ganz gelingen, wenn sie Hand in Hand geht mit der Ausführung sämtlicher sonstiger, hier gegebenen Übungsvorschriften. Du kannst nicht einen Stein aus dem Gebäude nehmen, um ihn allein zu benutzen, sondern mußt jeden an seinem Platze lassen. Dann ergibt sich ein vollendetes Bauwerk. Der Meisterblick ist die Stetigkeit selbst und fest auf einen Punkt gerichtet. Dieser Punkt ist die Stelle zwischen den Augen des Partners, unmittelbar über der Nasenwurzel. Dies ist der Fixierpunkt, auf den Du Dich einstellen lernen solltest. Glaube nicht, daß Du ohne besondere Übung diese überlegene Stetigkeit und die Festigkeit des Blicks, so wie gedacht, erwirbst. Das Übungsschema folgt im zweiten Teile des Briefes. Die Wirkung dieses Zentralblickes auf Deinen Partner ist die, daß er durchaus den Eindruck empfängt, daß Du ihm eindringlich in die Augen siehst, sozusagen durch ihn hindurch blickst. Jedenfalls und immer wirkt der Blick als etwas besonderes, wie Du sehr bald an der Haltung des anderen bemerken wirst. Er wird Dich rücksichtsvoller, achtungsvoller und entgegenkommender behandeln; Du wirst, wenn Du ihn nach irgend einer Richtung beeinflussen willst, leichteres Spiel mit ihm haben.

Seine Anwendungsweise

Der Meisterblick soll demnach als treffliches Beeinflussungsmittel zur Anwendung kommen, sodann als starkes Abwehrmittel gegen fremde Beeinflussungsversuche. Du sollst ihn nicht häufig und wahllos anwenden sondern nur, wo Dir an besonders gründlicher Wirkung gelegen ist und gelegen sein darf. Wende ihn möglichst unauffällig an und immer nur kurze Zeit. Der Partner darf nicht merken, daß Du eine willkürliche Technik gebrauchst. Wende ihn also nur hier und da im Laufe des Gespräches an, vor allem dann, wenn Du durch Dein Wort besonders eindringlich zu wirken wünschst. In der Regel soll der Blick überhaupt nur gleichzeitig mit Worten zur Anwendung gelangen, gewissermaßen als Unterstreichung derselben. Die richtige Gebrauchsweise setzt eine **aktive Seelenverfassung** voraus. Gebrauche ihn also aus dem Sinne und Bewußtsein folgender Sätze heraus:

„Ich ruhe in mir selbst!"
„Ich bin gesammelte Kraft!"
„Ich halte meine Kraft!"
„Ich gebrauche meine Kraft nach Gutdünken!"

Schließlich gedenke nötigenfalls der Tatsache, daß durch den Meisterblick auch unausgesprochene Gedanken auf den Partner übertragen werden können. Der Blick - daran denke - strahlt unmittelbar in den körperlichen Zentralsitz des Göttlichen Genius in dem andern. Der Genius fängt ihn auf und liest auch solche Gedanken, die Dein Mund nicht ausspricht. Er liest sie, ohne daß ihr Inhalt Deinem Partner sogleich irdisch bewußt zu werden braucht. Sind diese Deine Gedanken schlecht, so wird der Genius in dem anderen dafür sorgen, daß sie ihm in Gestalt einer Warnung, Ahnung oder dergleichen übermittelt und bewußt werden. Der Partner wird dann mißtrauisch, vorsichtig, ängstlich an den Verkehr mit Dir denken, wird sich zurückhalten, und Du wirst erhoffte Vorteile nicht ernten.

Sei Dir also immer der **gewaltigen Verantwortlichkeit**, die im Wesen des Meisterblicks liegt, bewußt. Es könnte einmal vorkommen, daß sich unausgesprochene Gedanken auch ohne Deinen Willen übertragen, dann hättest Du selber früher oder später den Schaden. Mach Dir also zur strengen Regel, daß Du den Meisterblick nur unter Gefühlen des Wohlwollens für Deinen Partner gebrauchen darfst, und zwar unter ehrlichen Gefühlen. **Der Genius im Menschen ist allwissend und läßt sich durch Masken nicht täuschen.**

Die Disziplin des Wunsches

Geh immer von dem Bewußtsein aus, daß Du mit allen anderen Wesen zusammen einen großen Körper, den Makrokosmos bildest, daß Du – wie sie – als Organ dieses erhabenen Körpers gedacht bist. Erhebt sich aber ein Organ über die anderen, versieht es seine Aufgabe nicht richtig und angemessen, beansprucht es mehr Nahrung, als ihm zusteht, entzieht es der Gesamtheit Kräfte und Säfte über das erlaubte Maß hinaus, so leidet dadurch der Gesamtkörper und am Ende das frevelnde Organ selber. Die Folge ist früher oder später eine Abwehrreaktion des Großkörpers gegen das betreffende Einzelglied. Der Großkörper sucht es zu heilen und merzt es unbarmherzig aus, wenn die Heilung aus irgend einem Grunde nicht mehr möglich ist. **Krankheit, Leid, Schmerz, Katastrophen sind Heilungsvorgänge, die, wo sie auftreten, notwendig sind.** „Widerstehe nicht dem Übel!" Sage „Ja!" zum Leid! Trage geduldig, was an Katastrophen über Dich kommt! Es sind die reinigenden Gewitter, die der Großkörper über Dein Leben schickt. Es sind die Mittel des Geistes, Seinem Willen (seinen Gesetzen, D.R.) Anerkennung zu verschaffen.

Deine wichtigste praktische Lebensaufgabe ist also die bewußte Einordnung in diesen Höheren Willen. Diese Einordnung muß eine vollständige sein, muß Dein ganzes Denken und Trachten umfassen, und beginnen muß sie beim Wunsche. Du weißt ja, daß der Wunschgedanke die Urtat, die entscheidende Handlung ist bei allem, was Du unternimmst. Daraus zieh die Folgerung: Nichts darfst Du wünschen, was Deine Mitmenschen schädigt und benachteiligt. Immer sei Dir bewußt, daß sie ein Stück des Großkörpers sind, dem auch Du angehörst. Sie sind Meerwasser, gleich Dir aus dem großen Meere in Schalen gefüllt. Sie sind — vom Standpunkte des Meeres betrachtet — Du selber! Werde Dir immer mehr der großen Einheit bewußt, wachse in sie hinein, als in einen neuen Zustand der Seele. Vor allem:

Hasse niemand!

Alle Dinge und Wesen sind aus dem universalen Gottgeist geworden. Wenn Du sie hassest oder verachtest, **so hassest und verachtest Du Gott**. Und da auch Du zu der großen Einheit gehörst, so hassest Du damit auch Dich selber!

Sogar das sogenannte „Böse" sollst Du nicht hassen, es ist – wie Du – vom Geiste gemacht und mit seiner besonderen Aufgabe in die Welt gesandt. Diese Aufgabe ist häufig die der

Zerstörung, Vernichtung, Umwandlung. Ja, das Böse ist die fleischgewordene Vernichtung selber! Es ist der grausamste, radikalste Diener, das härteste, unbarmherzigste Werkzeug des Geistes. Hassen aber darfst Du es ebensowenig, wie Du etwa einen Pestbazillus hassen würdest. Frei sein von Haß heißt aber nicht etwa: sich wehrlos dem Bösen oder dem Übel überlassen. Zum kämpfen bist Du an Deinen Platz gestellt, durch Kampf nur gelangst Du zur Vollkommenheit. Wisse, daß das „Böse", das Dir in den Weg geworfen wird, **nichts als Dein bester Lehrmeister zur Vollkommenheit sein soll**. Und den zweiten Satz nimm Dir als Richtschnur:

Fürchte nichts!

Die Macht, welche Dich geschaffen und in die Welt geführt hat, weiß: warum und wozu. Sie kennt auch den besten Weg für Dich. Alles, was Dir begegnet, kommt aus ihrer Hand. Das ganze Weltall ist Dein Vaterhaus; wie brauchst Du etwas zu fürchten, was – gleich Dir – in Deines Vaters Hause wohnt! Die hohe Urkraft, der Du selbst entsprangst, schuf auch die anderen Wesen; wenn sie sie Dir auf den Weg schickt, so geschieht das in bestimmter Absicht. Und diese heißt es zu erkennen oder erahnen. Neun Zehntel von allem, was die Menschen fürchten, beruht auf reinem Blendwerk und trifft niemals ein, ist also eine ganz unnötige Seelenbelastung. Du laß Dich nicht bange machen von Schattengedanken.

Nichts fürchten heißt natürlich nicht: jeder Gefahr entgegenlaufen. Je weiter Du Dich entwickelst, umso häufiger wirst Du es vielmehr erleben, daß Dir Warnungen vor wirklichen Gefahren zuteil werden. Höre auf solche Warnungen, ohne darum furchtsam zu sein. Je mehr Du im Gefühle der Einheit lebst, um so näher rückst Du ihrer Allwissenheit.

Die große Bruderschaft

Alles Lebendige bildet eine große Bruderschaft. Halte daran fest, daß alles, was in der Welt ist, notwendig ist, sonst wäre es nicht geschaffen. Alle Wesen, vom Infusor bis zum Stern, sind Deines Lebens Gefährten und Deine Blutsverwandten. Ihnen allen bist Du im Geiste nahe verbunden. Absolutes Wohlwollen gegenüber allen Wesen dieser Welt sei Dir hohes Gebot, werde Dir liebe Gewohnheit. – Mäßige Deinen Ich-Standpunkt. Betrachte, was Dir begegnet und wer Dir begegnet, vom Standpunkte des anderen, aus dem Sinne des anderen. Beziehe auch die Tiere in diese Betrachtungsweise mit ein; und dies umso mehr, je näher sie Dir und Deinem Hause stehen.

Kein Mensch und kein Tier ist „niedrig"; sie alle tragen das Königsmal, die Künstlermarke des schöpferischen Geistes an der Stirne. Lerne es sehen! Was wechselt, ist nur die Aufgabe und daher die Form.

Alle Wesen sind Einzeltöne in der ungeheuren Symphonie des Weltalls. Willst Du sie und Dich recht verstehen, so mußt Du über die rhythmischen Gesetze unterrichtet sein, welche die Welt regieren.

Die Lehre vom Rhythmus

Alles Leben ist Bewegung. Und alle Bewegung geht rhythmisch vor sich. Die Sonnenfleckenmaxima und -minima, zu denen die irdischen Kriegs- und Friedensperioden einen so bezeichnenden Gleichlauf zeigen, erscheinen in regelmäßigen Abständen. Die Planeten schwingen in fest geregelten Zeitläufen um die Sonne. Auf Erden wechseln Tag und Nacht mit der Genauigkeit eines Uhrwerkes.

„Und schnell und unbegreiflich schnelle
Dreht sich umher der Erde Pracht.
Es wechselt Paradieseshelle
Mit tiefer, schauervoller Nacht!" . . .(Goethe)

Und auch der Mensch ist diesem ungeheuren Weltrhythmus eingegliedert mit seinem ganzen Sein. In dem wundervollen Gewebe des Kosmos ist er Einschlag und Weber zugleich; denn auch in ihm wirken jene kosmischen Kräfte, die – als Engel des Höchsten – Schicksal und Leben alles Gewordenen in ihren Händen halten.

Vom Grundgedanken der Astrologie
Du kennst die Wirkungen der Sonnenkraft in allem Lebendigen auf Erden. Denke nun einmal über die Wirkungen der anderen Gestirne nach. Du kennst z. B. die Beziehungen von Ebbe und Flut zum Monde. Hast Du schon jemals darüber nachgedacht, daß auch die **Frau** – in Gestalt ihrer Monatsblutungen – den **Mondrhythmus** in sich trägt? Sie ist gewissermaßen selber ein Stück Meer, wobei jedoch wichtig ist, daß die Periodik ihres Organismus zeitlich keineswegs mit den Höhepunkten der Meeresbewegung (Springflut) zusammenzufallen pflegt. Vielmehr trägt die Frau diese Mondrhythmik, also Mondbewegung, Mondkraft in sich selber; sie ist also selber sozusagen ein Stück Mond. Fruchtbarkeit, Krankheit, Tod, aller organische Wandel ist, wie Dr. Fliess nachgewiesen hat, eng mit der weiblichen Zahl 28 und der männlichen Zahl 23 verknüpft, vollzieht sich in einer vielfachen Kombination dieser Zahlen.

Nun die Planeten. Sie sind zwar durchschnittlich viel weiter als Sonne und Mond, die „Lichter" der Astrologie, von uns entfernt. Deshalb bleiben sie aber doch mit uns innig verknüpft. Auch die Sonne ist ja nicht dann am stärksten, wenn sie uns am nächsten steht, nämlich im Winter, sondern wenn sie ferner steht: im Sommer. Ihr Wirkungsgrad hängt von dem Winkel ab, mit dem sie die Erde oder einen Punkt auf ihr bestrahlt. Genauso hängt die astrologische Bedeutung eines Planeten wesentlich von seiner Winkelstellung ab. Wenn die Quadratur, d. h. die Winkelstellung von 90 Grad als ausnehmend ungünstig, der Trigonschein, d. h. die Winkelstellung von 120 Grad als besonders günstig gilt, so beruht diese Annahme eben auf tausendfacher, praktischer Erfahrung, nicht auf irgendwelcher willkürlichen theoretischen Kombination. Die Wirkungsart mußt Du Dir dabei ebenso, wie beim Monde angedeutet, vorstellen. Den irdischen Organismen ist geradezu ein Stück Planetenkraft eingewirkt, und Art und Richtung dieser unverlierbar eingeprägten, inneren Rhythmik ist abhängig von der jeweiligen Planetenkonstellation im Augenblicke der Geburt. Das Höhere Selbst, der Göttliche Genius, der jede neue Einkörperung eines Menschen regelt und leitet, bestimmt nicht nur die Zeugung und Empfängnis durch ein für diese Aufgabe passend ausgewähltes Elternpaar, sondern gibt ihm durch die Wahl des richtigen Sternenaugenblicks auch die zur Erfüllung seiner besonderen Aufgabe notwendigen Fähigkeiten und inneren Rhythmen mit. Dieser Augenblick deckt sich mit dem Augenblick des ersten Atemzuges.

Wie sehr in der Tat das ganze Firmament an dem irdischen Kleide jedes neu eingekörperten Individuums mitarbeitet, beweist Dir die Tatsache, daß die Beschaffenheit der physischen Erscheinung und des persönlichen Charakters sehr wesentlich von dem Tierkreiszeichen abhängig ist, das zur Zeit der Geburt am Osthimmel im Aufsteigen begriffen war. Auch dies sind feststehende Dinge, die durch Beobachtung gefunden und in zahllosen Fällen nachgeprüft worden sind.

Du kannst Dir alle diese Sternwirkungen im Bilde ungeheurer Dynamos vorstellen, die am Himmel kreisen und, je nach ihrer Stellung untereinander und zur Erde, sich in ihrer Induktionswirkung gegenseitig verstärken, abschwächen oder kombinieren. An Hand genauer astronomischer Tabellen, die sodann nach mehrtausendjähriger astrologischer Erfahrung ausgedeutet werden, lassen sich diese Beziehungen berechnen und zu einer – sozusagen – Wetterkarte für jedes Einzelleben ausarbeiten, deren Berücksichtigung nur von Vorteil ist. Eine große Wissenschaft, gegründet auf exakteste Beobachtung, ist hier im Neuerstehen, die in Wahrheit die Königin der Wissenschaften genannt zu werden verdient. Gibt doch erst sie die letzte seelische Vollendung unseres Weltbildes! Die Sternbilder, als Symbole unseres inneren Lebens und Wünschens, unserer Möglichkeiten und Grenzen – das ist der Erkenntnisgewinn der Astrologie. Die innere Rhythmik gleichlaufend mit der erhabenen Rhythmik der Himmelssphären! Und darauf ruht die letzte und tiefste Erkenntnis, daß die Selbst-Meisterung des Menschen ihn auch zum Herrn macht über katastrophale Himmelsbilder. „In Deiner Brust sind Deines Schicksals Sterne!"

Vom Geheimnis der Atmung

Die Eingliederung des Menschen in jenes kosmische, periodisch ablaufende Uhrwerk vollzieht sich mittels der Atmung und hebt an mit dem ersten Atemzuge. Erst sie, die selbst ein rhythmischer Vorgang ist, setzt die gesamte innere Mechanik des Organismus in Bewegung. Sie ist das große Schwungrad, durch das sich die Himmelsperiodik, der Sternenwille, automatisch auf das Einzelleben überträgt. Herzschlag, Blutstrom, Säftekreislauf, Darmbewegung – alles ist von ihr abhängig. **Sei Herr Deiner Atmung** – und Du bist Herr Deiner gesamten inneren Rhythmik. Was das letzten Endes zu bedeuten hat, wird Dir durch folgende Erwägungen klar werden.

Die Periodik des Schicksals

Auch was Du als Dein „Schicksal" zu bezeichnen pflegst, folgt strengen rhythmischen Gesetzen, die in der Gesamthimmelsmechanik ihre Entsprechung, ihre Begründung haben. Bestimmte Zahlen spielen dabei die Hauptrolle, so namentlich die 7, die 9, die 12, aber auch längere Perioden. Es ist durchaus nötig, daß Du Dein Leben nach diesem Gesichtspunkte zergliederst und beobachtest. Verfahre dabei folgendermaßen:

Durchlaufe in ruhiger Stunde Dein ganzes bisheriges Leben und vermerke, möglichst genau die Zeitpunkte der inneren und äußeren Wendungen wie Hauptereignisse. Sodann lege fortlaufende periodische Reihen an, indem Du immer sieben Jahre Deines Lebens nebeneinander schreibst. Bist Du also z.

B. 1870 geboren, so stellst Du in die erste Reihe die Jahre 1870 - 1876, in die zweite Reihe die Jahre 1877 - 1883, in die dritte Reihe die Jahre 1884 - 1890 und so fort. Es stehen dann also immer Siebenerreihen untereinander, unter dem Jahre 1870 stehen die Jahre 1877, 1884 und was weiter folgt. Unter dem Jahre 1871 stehen die Jahre 1878, 1885 und was weiter folgt. Unter 1872 stehen die Jahre 1879, 1886 usw. usw.

Nun heißt es, diese senkrechten Reihen auf ihren Schicksalssinn durchforschen und miteinander in Beziehung bringen. Sobald Du den Faden gefunden hast, wird Dir klar werden, daß immer im Abstande von 7 Jahren gewisse Tendenzen in Deinem Leben wiederkehren, seien es familiäre Einflüsse, berufliche Wendungen, Richtungen des Innenlebens usw. Du wirst erkennen, wie immer Altes in neuer Form wiederkehrt, wie sich Dein ganzes Leben sozusagen in einer aufsteigenden Spirale entwickelt, die immer die gleichen Grundtöne, jedoch in immer höheren Oktaven und neuen Variationen aufweist.

Verfahre ebenso mit der Zahl 9 und anderen Zahlen. In dem einen Leben spielt diese, in dem anderen jene Zahl ihre besondere Rolle. –

Wir gehen nun zu den praktischen Übungen der IV. Stufe über und setzen als Leitwort darüber den Satz:
„Alles verlieren, heißt: alles finden!"
Der Satz hat jedoch nicht nur für diese Stufe Gültigkeit, sondern in gesteigertem Grade für sämtliche weiteren Stufen, in die Du allmählich hineinwächst. Er nimmt ein Hauptergebnis Deines Übens vorweg, faßt es in Kürze zusammen, weil es gut ist, an gewissen Wegpunkten durch eine Fanfare erneut auf das Ziel hinzuweisen.

Praktikum
1. Eröffne den Tag mit einer Serie von schulmäßigen Ganzatmungen (Schicksalsatmung).
2. Zur Schulung des Meisterblicks mache in täglichem Wech-

sel je eine der folgenden Übungen:
- a) die niedere Spiegelübung,
- b) die Kopf-wende-übung,
- c) die Bilderübung.

3. Mache täglich des öfteren die Weltaugeübung.
4. Mache täglich einmal oder mehrfach die Kosmische Speiseübung.
5. Mache in täglichem Wechsel je eine der folgenden drei Übungen:
- a) die Betrachtung „Weltvater",
- b) die Betrachtung „Weltmutter",
- c) die Einfühlübung „mein Nächster".

Erläuterungen:

Zu den bereits oben gegebenen Anweisungen treten folgende Ausführungsvorschriften:

Zu 1. Zur Ganzatmung nimm zunächst die vollständige Ruhestellung ein, am besten Ruhelage auf Bett, Ruhebett oder Ruhestuhl (Klubsessel oder Großvaterstuhl). Schließe die Augen, entspanne Dich, richte die volle Aufmerksamkeit auf die Atmung. Laß durchaus alle anderen Gedanken beiseite. Die Ganzatmung ist gleichsam eine Welle, die von unten nach oben rollt: zuerst ist im Atmen der Bauch vorzuwölben, dann die untere, schließlich die obere Brustgegend. Dies geschieht unter langsamem inneren Zählen von 1 bis 3. Bei 4 hältst Du die Luft an. Bei 5, 6, 7 ziehst Du jedesmal den Leib ein und dehnst ihn wieder aus, um hierauf unter innerem Zählen von 8 bis 12 wieder langsam auszuatmen. Nach jeder solcher Ganzatmung mach einen natürlichen Atemzug, um jede Überanstrengung zu vermeiden.

Die Aufmerksamkeit muß schon darum bei der Sache sein, damit die Atmung richtig ausgeführt wird. Ist der Mechanismus eingearbeitet, was nach etwa 4-5 Atemzügen der Fall ist, so laß zwischendurch den Gedanken aufblitzen: **„So wie jetzt die Atemzüge, forme ich mein Schicksal!"**

12 solcher Atemzüge bilden eine Serie. Du sollst mindestens eine Serie, höchstens 20 solcher Atemzüge jeden Morgen ausführen.

Der Zweck dieser Schicksalsatmungen ist ein doppelter. Erstens findet durch sie eine gründliche Massage gewisser innerer Teile des Organismus statt, besonders der Bauchorgane, einschließlich des Sympathikus. Sodann schlägst Du eine gedankliche Brücke zu den schicksalbildenden Kräften, die in der Rhythmik Deines Organismus ihr sinnlich-greifbares Ebenbild haben. Um auf das Unsichtbare zu wirken, ist es von Nutzen, sich sinnlich greifbarer Symbolbilder zu bedienen.

Zu 2. Die Schulung des Meisterblicks
a) Die niedere Spiegelübung: Mach mit Blei- oder Tintenstift einen dicken Punkt genau über Deiner Nasenwurzel. Setze Dich in bequemer Haltung, aber straff aufgerichtet, in etwa 1/2 m Entfernung vor einen Spiegel und fixiere diesen Punkt, ohne mit der Wimper zu zucken. Dein Gesicht soll dabei den Ausdruck des Wohlwollens tragen; und es ist vorteilhaft, wenn Du Dich innerlich in eine wohlwollende Stimmung versetzt, so daß der Ausdruck ungezwungen sich einstellt. Beginne die Übung mit 2 Minuten, steigere jeden Übungstag um eine Minute, bis zur Höchstdauer von 10 Minuten. Dabei bleibe stehen. Im Laufe der Tage wechsele die Entfernung, vergrößere den Abstand allmählich bis auf etwa 2 m.

b) Die Kopf-wende-übung. Dieselbe Vorbereitung und Haltung wie bei a). Nun wende den Kopf nach links, so weit Du kannst, und zwar ohne den Bleistiftpunkt aus dem Auge zu verlieren. Halte in der Linksstellung einen Augenblick an, um darauf langsam in die Ausgangsstellung zurückzukehren. Dann vollführe dasselbe nach rechts. Auch hierbei darf nicht mit der Wimper gezuckt, das ganze Auge mit seiner gesamten Umgebung muß vielmehr still gehalten werden. Die ganze einmalige Übung soll etwa eine halbe Minute beanspruchen. Nach kurzer Pause wiederhole die Übung noch ein zweites, sodann ein drittes Mal. Im Anfang nicht öfter, da die Übung anstrengt. Jeden neuen Übungstag, an dem diese Übung an der Reihe ist, d. h. also jeden 3. Tag des Monats führe die Übung einmal mehr aus, ohne zu pausieren. Demnach beim zweiten Üben: zweimal hintereinander, beim dritten dreimal hintereinander usw.

    c) Die Bilderübung. Bringe um Dich herum Bilder oder Lichtbilder von Personen derart an, daß das eine vor Dir, das andere seitlich, ein drittes hinter Dir sich befindet. Haltung wie bei a) und b). Beginne, indem Du erst auf dem vorderen Bilde den Nasenwurzelpunkt suchst und ihn frei und groß eine zeitlang fixierst. Dann wirf Dich auf dem Stuhle rasch herum und suche blitzschnell denselben Punkt auf dem hinteren Bilde zu erfassen. Verfahre mit ihm ebenso, um schließlich zu dem seitlichen Bilde überzugehen. Verändere öfter die Stellung der Bilder. Vorteilhaft ist es, dieselben anzureden, als wären es lebende Menschen. Übe dabei stets die Haltung und Miene des Wohlwollens. Auch bei dieser Übung soll das Auge durchaus unbewegt blicken, d. h. nicht blinzeln. Tritt Neigung zum Blinzeln oder Augenschließung ein, so beachte das früher über diesen Gegenstand gesagte (Hochziehen des oberen Augenlides und, falls nötig: nachherige Waschung mit lauwarmem Wasser, eventuell unter Kamillenzusatz).

Zu 3) Die Weltauge-Übung

Sie ist nicht an eine feste Zeit gebunden, sondern eine Allgemein-Übung für den ganzen Tag. Lebe Dich ganz in die Vorstellung ein, daß die gesamte, Dich umgebende Welt ein ungeheures Auge ist, das Dich beständig ansieht und betrachtet. Es sieht Dich an durch die Menschen, durch die Tiere, durch die gesamte Umwelt, mit der Du in Berührung kommst. Mache Dir dies wiederholt, bei allen Möglichkeiten, während des Tages klar. Stelle Dir vor, wie das **Weltauge** Dich durch das Auge der Menschen und Tiere ansieht und mustert. Was sieht es an Dir? Was möchte es an Dir sehen? Stelle Dir diese Fragen immer wieder.

Alle Wesen sind gewissermaßen lebendige Linsen dieses Weltauges. Freund und Feind, Bekannte und Verwandte, Hunde, Pferde, Katzen usw. sind nicht das, als was sie Dir erscheinen, sondern haben vielmehr – ohne es selber zu wissen – einen Nebenzweck, den sie als Werkzeuge des Geistes erfüllen. Sie kommen aus dem Unbekannten, mustern Dich, und gehen in das Unbekannte zurück. Durch sie aber sieht der Weltgeist selber Dich an.

Aber nicht nur durch Menschen und Tiere, sondern auch durch die gesamte sonstige Umwelt. Die universale Kraft, welche die Augen der Wesen schuf, schaffen konnte, ist selbst Auge. Ist ein ungeheures Auge, das in Sonne und Regen, Wind und Sturm, in Wald und Heide und allen „Dingen" Dich umgibt, auf Dich blickt und jede Deiner Lebensäußerungen aufnimmt und verzeichnet. Selbst alle Deine Gedanken bleiben diesem alles durchdringenden Weltauge nicht verborgen. Sei Dir dessen stets bewußt bis in die Tiefen Deines Wesens.

Das Licht der Sonne ist für dieses Große Auge nur Symbol. Sein Licht ist über dem Lichte aller Sonnen. Selbst die Nacht ist ihm nicht finster. „Denn auch Finsternis nicht finster ist bei Dir. Und die Nacht leuchtet wie der Tag. Finsternis ist wie das Licht!"

Angesichts dieser schauenden Allkraft sei ehrfürchtig. Das Feinste und Höchste in Dir selber ist ein Stück von ihr. Das Tiefste und Letzte in Dir gibt Antwort auf die Frage der tausend „anderen".

Zu 4) Die kosmische Speiseübung

Sie wird während der Mahlzeit vorgenommen und zerfällt in zwei Teile, die sich zwanglos aneinandergliedern.

A. Das Danken.

B. Das Brotbrechen.

Das Danken geschieht, indem Du Dir – angesichts der einzelnen Speisen und Getränke – klar machst, woher sie ursprünglich kommen, welche weiten Wege sie bis auf Deinen Tisch zurückgelegt haben. Du sollst nicht essen wie ein Tier im Stall, das sein Futter gierig und gedankenlos hinunterschlingt. Du sollst essen wie ein **vollbewußter Mensch**, der seine Stellung im Hause seines Vaters kennt.

Überlege also z. B. wie das Korn auf den Feldern durch die Vermählung mit der Sonnenkraft gereift ist, um Dir Mehl und Brot zu geben. Denn, wenn dieses Reifen nicht Dir persönlich gegolten hätte, so hättest Du heute oder morgen kein Brot. Überlege, wie die Milch Dir vom Überfluß der Kühe gegeben wird. Wie die Kühe auf der Weide das saftige Gras fressen, das Regen und Sonne wachsen ließen. Regen und Sonne – wer hat sie geschickt, auf daß Dir Milch gegeben wird? Zweifle nicht, daß die Milch eine Botschaft, ein Geschenk oberer Mächte ist. Wäre Mißwuchs im Lande, Du hättest keine. Was Du also auch essen magst – es wird Dir gegeben. Du hast zu danken.

Die Menschen, die Dir dies oder jenes bringen – sie sind nur die ausführenden Organe des eigentlichen Gebers. Alle Elemente läßt er zusammenwirken, Heimat und „fremdes" Land läßt er fruchtbar sein, damit Dir geholfen werde. Denn Er will, daß Du lebst!

Gewiß ist es richtig, daß Du Deine Nahrung bezahlst. Aber selbst das Geld ist Dir von anderen gegeben. Gewiß ist es richtig, daß Du um Geld zu erlangen Deine regelrechte Arbeit zu leisten hast. Aber die gesunden Glieder, Dein denkender Kopf, mit denen Du sie leistest, sind Dir wiederum gegeben. Du hast Grund zu danken.

Das Brotbrechen geschieht also unter dem bewußten Wachrufen eines tiefen Dankgefühles. Nimm alle Speisen in einer gewissen Ehrfurcht. Glaube nie, daß dies oder das zu gering sei. Sieh in allem den Gebergeist, der sich Dir in jedem Stück geben und Dir dadurch seine Liebe kundmachen will.

Beim Essen und Trinken denke öfter darüber nach, was Du

ißt und trinkst. Hier ruht ein Geheimnis, das Du durch eigene Versenkung finden mußt.

Diese Gedanken sollen Dich auch während des Kauens und Schluckens nicht verlassen. Suche die einzelnen Bissen mit dem Gedanken zu begleiten, **daß Du jetzt organisierte Weltallkraft in Dich aufnimmst.**

Selbstbefehle beim Kauen und Schlucken

Sehr zweckmäßig ist es, hie und da die Kau- und Schluckbewegungen zur Eingliederung von Selbstbefehlen zu benutzen. Wenn Du Deine körperlichen Rhythmen solcherart mit Gedankenkraft lädst, so gehen sie mit denkbar größter Promptheit in Dich und Dein Wesen ein. Das feinere Kraftsystem wird auf diese Art dem gröberen eingegliedert und erfahrungsgemäß besonders nachhaltig wirksam. Ich empfehle Dir, dieses Mittel nicht durchweg, jedoch hie und da anzuwenden.

Beispiel: Du bist unpünktlich und schläfst schlecht. Lade also die Kaubewegung mit den Worten: „Ich werde pünktlich", wiederhole den Satz immer von neuem, bis der Bissen zu Ende gekaut ist. Dann schlucke ihn mit dem lebhaften Vorstellungsbild: „Ich verleibe mir jetzt Pünktlichkeit ein! Ich nehme sie in mich auf als unverlierbaren Bestandteil meines Wesens!"

Hierauf tu dasselbe mit dem Satze: „Mein Schlaf wird täglich besser!" Beim Schlucken stelle Dir lebhaft vor, daß Du mit diesem Bissen Schlafkraft in Dich aufnimmst.

Am besten ist es natürlich für diese Zwecke und Absichten, wenn Du Deine Mahlzeiten, wenigstens teilweise, allein für Dich einnimmst. Ist dies aber nicht möglich, so lassen sich derlei Übungen auch ganz gut in Gesellschaft unbemerkt vornehmen. Es ist nur nötig, daß Du Deine Teilnahme an Gesprächen etwas einschränkst, sozusagen Dich innerlich aus dem Kreise der anderen zurückziehst, um Deinen besonderen Gedanken die nur Dir gehören, nachzuhängen.

Diese Selbstbefehle lassen sich natürlich auf sämtliche Gebiete ausdehnen. Mangelt es Dir von Hause aus an Menschenliebe, an Güte gegenüber Tieren, an Sanftmut, an Auffassungskraft für irgend ein Wissensgebiet, wie etwa für diese Lehrbriefe, so wende dieses Verfahren an. Du wirst mit ihm zufrieden sein. Vergiß aber nie, kurze prägnante, positive Sätze zu bilden, ehe Du die Aktion beginnst. In weit höherem Grade noch läßt sich die Atmung in diese Richtung benutzen. Wie dies geschieht wirst Du später lernen.

Zu 5: a) Die Betrachtung „Weltvater"

Mache die große Konzentration. Hast Du die erste, passive Phase erreicht, so versenke Dich aktiv zutiefst in diese Bilderfolge: Stelle Dir Deinen natürlichen Vater vor, wie er leibt und lebt. Rufe dabei alle Gefühle der Ehrfurcht und Liebe in Dir wach, wie Du sie als Kind gehabt hast, vielleicht jetzt noch empfindest. Kanntest Du Deinen Vater nicht oder hat er in Deinem Leben nicht diese Rolle gespielt, so wähle statt seiner einen beliebigen anderen Mann, der Dir einmal Respektperson gewesen ist oder noch ist.

Du sollst ihn Dir nackt und bloß vorstellen und Dir dabei genauestens alle Einzelheiten seines Körpers ausmalen, den Rumpf, die Gliedmaßen, den Kopf mit allen Einzelheiten.

Ist das geschehen, so stelle Dir vor, wie seine Gestalt größer und größer wird. Erst wie ein Haus – ein ungeheurer Riese steht vor Dir. Auch dies male Dir aus! Dann wie ein Berg, übermenschliche Konturen erstehen und die bekannten Züge lassen sich schwer erkennen. Sind nicht die Füße ins Erdreich verwurzelt wie ungeheure Felsen? Sind nicht die Arme langgestreckte Berglehnen, die Haare Wälder geworden? Ist nicht das Auge ein klarer Bergsee? Male Dir alles bis ins Einzelne aus.

Nun aber wächst der Riese ins Ungeheure. Er ist jetzt so groß wie ein Kontinent. Jetzt wie der Erdball. Jetzt wie das Sonnensystem. Male Dir alles einzeln aus, so gut Du kannst.

Welche Dimensionen! Welche Veränderungen in den Einzelformen, wenn Du sie von Deinem menschlichen Standpunkte betrachtest – und dennoch – **Dein Vater**! Dies wiederhole Dir bei jedem Bilde, das Du Dir ausgemalt: Dennoch Dein Vater! Beschließe die Betrachtung mit dem innerlich gesprochenen „Vater Unser, der Du bist in den Himmeln" ... (bis zum Schluß).

b) Die Betrachtung „Weltmutter"

wird ganz wie die vorige eingeleitet. In der zweiten Phase stelle Dir – statt des Vaters – die Mutter vor, gegebenenfalls eine weibliche Person, die für Dich einmal eine Respektperson bedeutet hat oder noch bedeutet. Auch sie stelle Dir nackt und bloß vor und mit allen Einzelheiten.

Alles weitere genau wie bei der vorigen Betrachtung. Beschließe die Betrachtung mit den innerlich gesprochenen Worten:
„Welten-Mutter, Ich grüße Dich!
Heilige Mutter, segne mich!"

c) Die Einfühlübung „Mein Nächster"

Durchlaufe auch hierbei zunächst **die passive Phase der Großen Konzentration**. Sodann richte Deine innere Aufmerksamkeit auf die Person und Gestalt Deines, wie Du meinst, ärgsten Feindes. Hast Du keinen oder nimmst dies an, so wähle dafür einen Dir näher bekannten, Dir bisher sehr unsympathischen Menschen, Mann oder Weib.

Stelle Dir den Betreffenden, ganz nach Art der vorigen Übungen, mit allen Einzelheiten vor. Male Dir seine Gesichtszüge, seine Haltung aus, seine Art zu sprechen. Alles dies tue *ohne die geringste Gefühlsregung*, rein sachlich, nüchtern, objektiv. Klammere Dich dabei nicht zu sehr an die Einzelheiten als solche, sondern suche mehr den Gesamteindruck zu erfassen, der sich aus dem Zusammenspiel des Ganzen ergibt. Halte Dich wesentlich an die guten und sympathischen Eigenschaften.

Sodann ruf in Dir **das Gefühl der Liebe zu allen Wesen** wach. Umfasse mit diesen warmen Gefühlen auch Deinen „Feind". Lebe Dich innerlich in sein Wesen ein, seine Art zu denken, fühle Dich in seine Seele ein. Vermeide bei diesem letzteren Vorgehen jede Anspannung der Aufmerksamkeit. Das Wesentliche, worauf es hauptsächlich ankommt, ist die sympathische Gefühlseinstellung. Nur durch Liebe kannst Du geistig in seine Nähe gelangen. Es ist dies eine Kunst der Seele, die dem einen besser, dem anderen schlechter gelingt.

Hast Du das Fluten des warmen Symphatiegefühls in Dir gespürt, so mache Dich wiederum passiv und leer: nimm die empfangende Haltung ein und warte ruhig. Erwarte aber nichts Bestimmtes. Hast Du alles richtig gemacht und bist reif, so werden Dir wie in einem Blitze die innersten Gedanken und Empfindungen Deines „Feindes" aufgehen. Du wirst ihn in all seinen Heimlichkeiten durchschauen und durch und durch erkennen. Zuweilen allerdings verläuft der Prozeß so, daß Dir zunächst das eine, dann wieder – bei Wiederholungen – das andere Bruchstück seines Seeleninhalts aufgeht.

Bei dem einen geschieht dies in der Form wortlosen Erkennens; man „weiß" es eben urplötzlich. Bei dem anderen in Gestalt eines Satzes, den er hört, oder eines Bildes, das er innerlich sieht, und das sehr häufig symbolisch zu verstehen ist. Diese Symbolik entspricht dann genau der Traumsymbolik.

Die Entscheidung, ob das Übungsziel erreicht ist, liegt in einem untrüglichen inneren Gefühl. **Man durchschaut jeden (Menschen und Gegenstand, D.R.), mit dem man „eins" ist**. Die Gesamtübung zerfällt also in folgende Hauptteile:

A) Passive Phase der großen Konzentration.
B) Aktive Phase, bestehend in:
1. Herrichtung des Bildes der gewählten Person.
2. Gefühlsweckung und aktive Sympathieaussendung.
3. Gewollte Leere und Passivität.

Du kannst diese Betrachtungsübung auch außer der Reihe machen, wenn es die Umstände wünschenswert erscheinen lassen. Sie wird Dir z. B. vor wichtigen Unterredungen und Unterhandlungen mit Bekannten oder Fremden nützlich sein. Sie ist dann stets am Abend, ziemlich spät, vorzunehmen, d. h. vor dem Schlafengehen oder unmittelbar vor dem Einschlafen. Deine Tageseinteilung gestaltet sich demnach wie folgt:

Frühmorgens:
Träume aufzeichnen.
Eine Serie Ganzatmungen.
Blickschulung.

Im Laufe des Tages:
Weltauge-Übung,
Kosmische Speiseübung.

Abends: Betrachtung „Weltvater" oder „Weltmutter"
oder Einfühlübung.
Tageskritik und Plansetzung.

<<>>

Fünfter Brief

„Mache Dich auf, werde Licht"

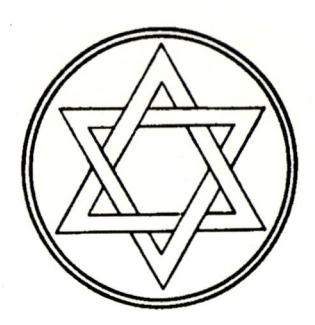

Eine Warnung, welche Du ernst nehmen sollst.
Lerne schweigen! Das aktive und das passive Schweigen! Täglich eine Stunde Redekarenz! Praktische Anwendung.
Das Glück des Hungerns. Ein Fastenmonat! Praktische Anwendung.
Dein Weg zu Dir – Dein Weg zu Gott.
Die Söhne des Urlichts.
Der geistige Atem.
Die Erweckung des höheren Ich.
„Selig sind, die reinen Herzens sind!"
Wortmysterien. Die Seele der Vokale.
Das Heilige OM und seine Praxis. Praktikum. Erläuterungen.

<<>>

Eine Warnung, welche Du ernst nehmen sollst

In die Übungen der fünften Stufe eintreten soll nur, wer sich einer vollkommenen Gesundheit des Leibes und der Seele erfreut. Ausgesprochen schwächliche Menschen, namentlich solche, die an zehrenden oder Nervenkrankheiten, besonders Zwangsvorstellungen und dergleichen leiden, dürfen die kommenden Übungen nicht machen, da die letzteren geeignet wären, ihnen ernsten Schaden zu tun. Geschieht es trotzdem, so lehnt der Schreiber dieser Zeilen ausdrücklich jede moralische Verantwortung dafür ab. In zweifelhaften Fällen steht es jedem frei, sich um spezielle Anweisung an ihn zu wenden.

Alle, die – auf Grund obiger Warnung – unseren Lehrgang nicht weiter durchzumachen in der Lage sind, haben es auch ohne ihn in der Hand, ihr Leben reich und fruchtbringend zu gestalten. Sie brauchen nur auf dem einmal betretenen Wege zu bleiben, und – soweit es Kraft und Zeit erlauben – sich ein paar Jahre lang in das Studium der praktischen Astrologie oder Chirologie zu vertiefen, so werden sie reich entschädigt. Jedes dieser beiden Fächer ist schon für sich allein angetan, ein ganzes Leben auszufüllen.

Du aber, mein anderer Begleiter, der im Vollbesitze gesunder Kräfte bis hierher gelangt bist, nimm meine Hand und laß Dir zum Erklimmen der fünften Stufe behilflich sein. Vor allem eins:

Lerne schweigen!

Die Welt, in der wir leben, hallt wider von unendlichem Geschwätz. Je tatenärmer eine Zeit, umso wortreicher pflegt sie zu sein: **das Wort wird sozusagen Tatersatz**, ja – was schlimmer ist – **das Wort tötet die Tat im Keime**. Alle Dinge aber, die in der physischen Welt greifbare Wirklichkeit werden sollen, müssen zuvor Zeit haben, in der geistigen Welt zu reifen, genau wie ja auch ein Kind ausgetragen sein muß, wenn es das Licht der Welt erblicken darf; sonst geht es an seiner eigenen inneren Unvollkommenheit zu Grunde.

Das beste Mittel, um aus einem Gedanken, einem Plane nichts werden zu lassen, ist also, ihn vorzeitig auszusprechen, zu „bereden". Man gibt damit nicht nur eine lebendige Kraft aus der Hand, die – zurückgehalten – die Tendenz behält, sich zu vollenden und dem Denkenden selber zu dienen. Man weckt auch, auf Grund eines eigenen psychologischen Gesetzes, **unmittelbar aufspringende Gegenkräfte**, die sich dem unausgereiften Neuling im geistigen Reiche entgegenwerfen und ihn zu vernichten suchen. Die „fertige", vollendete Tatsache ist eine Macht, mit der sich jeder so oder so abzufinden hat. Sie tritt als geharnischter Ritter in die Welt und erkämpft sich ihren Platz. Die unausgereifte ist ein hilfloser Säugling, der leicht abgetan werden kann.

Die Disziplin des Schweigens ist also eine der wichtigsten Waffen im Kampfe um Glück und Erfolg; sie kann auch im Kampfe um das unnennbare Glück der Selbstvollendung nicht entbehrt werden. Unendlich viel ist gesagt und geschrieben worden über die Kunst des Redens. Wie wenig aber über die Kunst des Schweigens. Und doch ist auch sie ein Können, das regelmäßig geübt werden muß. Der redende Mensch scheint ja freilich dem oberflächlichen Blick zunächst im Vorteil zu sein. Das rührt daher, daß er unter allen Umständen den Eindruck der Aktivität erweckt und auch tatsächlich meist aktiver ist als der schweigende Hörer. Halte aber daran fest, daß diese Überlegenheit überall da nur scheinbar ist, wo sie einem disziplinierten Schweiger gegenübertritt, d. h. einem Schweiger, der nicht wahllos sich dem Partner hingibt, sondern eine Auswahl unter den Worten und Personen trifft, von denen er sich beeinflussen lassen will. Für Dich sei es künftig Regel, bei allen Menschen, mit denen Du in Berührung kommst, Dir die Frage vorzulegen: Können sie mich im guten oder im schlechten Sinne beeinflussen? Fördern oder hindern sie meinen Fortschritt auf dem eingeschlagenen Wege? – Hiernach richte dann Dein Verhalten.

Das aktive und das passive Schweigen

Fördern sie Dich, so ist das **passive Schweigen** erlaubt, d. h. Du darfst Dich ihrem Gesprächseinfluß ohne weiteres und ohne gedankliche Reserve überlassen, darfst zuhören mit dem Gefühle der Sympathie und Zustimmung. Beeinflussen sie Dich jedoch ungünstig, hindern Deine Entwicklung oder Du hast wenigstens Grund zu dieser Annahme, so übe mit vollem Bewußtsein das **aktive Schweigen**, d. h. das Schweigen mit innerem Vorbehalt. Halte, solange Du mit ihnen zu tun hast, durchaus und durchgehend den Leitgedanken fest: „Du kannst mir nicht schaden, Du kannst mich nicht beeinflussen, ich bin auf der Hut!" – Praktisch ist es, diese Gedanken in einem kurzen Schlagwortsatz zusammenzufassen, wie etwa: „Absolut unbeeinflußbar!"

Besonders auf der Hut sei in Stunden des Gedrücktseins, der Niedergeschlagenheit, der Mutlosigkeit, der Krankheit. Du bist in diesem Zustande besonders leicht beeinflußbar. Dann sei doppelt vorsichtig, nimm den Panzer des aktiven Schweigens um, halte den Zugang zu Deiner Seele geschlossen. Je mehr ein Fremder in diesem Zustande auf Dich einspricht, um so zurückhaltender, vorsichtiger sollst Du sein. Nimm in diesem Zustande grundsätzlich keine Suggestion an, es sei denn die ermutigende Suggestion von Freunden!

Aber damit ist Deine Aufgabe nicht erschöpft; zu diesen allgemeinen Schweigevorschriften treten besondere, die Dich zum Herrn Deiner Zunge machen sollen und eine neue Akkumulatorübung darstellen.

Täglich eine Stunde Redekarenz!

Täglich eine Stunde sprich nur *das absolut Notwendige* mit anderen Menschen. Wäge jedes Wort, jeden Satz daraufhin ab, ob sie gesagt werden müssen. Sprich also langsam und bewußt. Alles Reden nur um des Redens willen fällt damit weg. Denke an jene Mönchsorden, die nur einen Tag im Jahre Redefreiheit haben und dennoch ein nützliches, gesegnetes Leben führen.

Die Wirkung des Verfahrens ist eine mehrfache. Du selber erkennst mit überzeugender Schärfe den Unwert des meisten Geredes in der Menschenwelt, lernst den Weizen von der Spreu zu sondern und staunst über die Gedankenarmut ringsum. Die Mitmenschen aber werden Dir aufmerksamer begegnen, auf Deine Worte desto mehr achten und Rücksicht nehmen, je gediegener und gehaltvoller sie sind.

Der Hauptwert der Übung aber liegt in der bedeutenden Kraftersparnis und dem Dir daraus erwachsenden inneren Kraftzuwachs. Jeder Wortimpuls, den Du unterdrückst, speichert sich als psychoelektrische Energie in Dir auf, erhöht also Deine seelische Spannkraft und dient damit Deinen höheren Zwecken.

Praktische Anwendung

Selbstverständlich hat diese ganze Redeumstellung möglichst unauffällig zu geschehen. Bleibe also in allem, was Du sagst, sehr höflich und verbindlich, in allem, was Du tust, gefällig und zuvorkommend. Niemand darf bei Dir eine besondere Absicht merken.

Wähle jeden Tag eine andere Stunde. Heute also von 8-9, morgen von 9-10 Uhr usw. fortlaufend, bis der ganze Tag durchgeübt ist. Nimm nur Stunden, wo Du mit Menschen zu tun hast, damit die Übung nicht leerläuft. Ist die Runde beendet, so erweitere die Übungszeit auf 2 Stunden täglich, mögen dieselben nun hintereinander liegen oder sich auf Vor- und Nachmittag verteilen. Schließlich kannst Du den ganzen Vor- oder Nachmittag nehmen. Wird aus der „Übung" eine Dauergewohnheit, so schadet das nichts. Du wirst nur Nutzen davon haben.

Bist Du von Hause aus sehr redselig, so hilf Dir über die erste Schwierigkeit hinweg, indem Du Dir schriftlich, sozusagen in einem Selbstgespräch, Luft machst. Auch kannst Du ein solches Selbstgespräch unterwegs in der freien Natur führen, wo kein Lauscher zu fürchten ist. Es bringt einen gewissen Ausgleich in der schwierigen Anfangszeit. Vergiß aber nicht, daß dies nur anfangs erlaubt ist, wenn Du auf die volle Wirkung wartest. Nur ganzer Einsatz bringt ganzen Gewinn. *Wer nicht im beschriebenen Sinne schweigen kann, ist nicht reif für den weiteren Weg.*

Das Glück des Hungerns

Du hast bereits bemerkt, daß Dir die bisher durchgeführten Kosteinschränkungen ausgezeichnet bekommen sind. Es ist nun notwendig, diese Maßnahmen noch bis zu einem gewissen Grade zu verschärfen. Schlackenfrei muß der Organismus sein, der ein echtes Gefäß höherer Kräfte werden will. Noch nie ist Großes von satten Menschen und Völkern ausgegangen. Auf schmale Kost muß sich setzen, wer seinen Geist zur Vollkraft erhöhter Aktionsbereitschaft führen will. Wann hätte je ein voller Bauch andere als träge, wertlose Gedanken aufkommen lassen? „Quieta non movere!" (Was ruht, das laß ruhn!) war von jeher der Wahlspruch der Satten.

Bedenken wir, *daß der individualisierte Geist ein Kampforgan ist*, dem Menschen gegeben, um seinen Platz im Weltganzen zu erobern. Für die Satten ist er „nicht mehr nötig" und schläft daher gar leicht ein, erschlafft oder entartet. Der Hungrige dagegen ist der rege, wache, tatbereite Mensch. Noch immer wohnen die echten Dichter in Dachkammern. Der Vogel singt nur, bis er die Jungen im Neste hat. Der Hunger und die Not machen den Erfinder, den mit dem alten Schlendrian Unzufriedenen, den Revolutionär. Der Hunger und die Not schlagen mit harter Faust an die ehernen Reifen, die fast jeder von Geburt her ums Herz trägt, daß sie springen und den Menschen freigeben für den Rhythmus, die Heilsströme der großen Einheit. Johannes und Jesus und die Tausende von Eremiten vor und nach ihnen wußten, warum sie in die Wüste gingen und sich kärglich nährten, bevor sie ihre erhabene Sendung antraten....

Nichts pflegen die Menschen mehr zu fürchten wie den Hunger, und er ist doch die beste Würze des Lebens. Ja, mehr noch, er ist die Leiter zum Aufstieg und der Hebel aller Entwicklung. Völkerwanderungen und der Aufbau ganzer Kulturen sind letzten Endes durch ihn eingeleitet, ausgelöst worden. Auch Du wanderst in ein fernes Land, auch Du baust Dich selber auf, fürchte darum den Hunger nicht, sondern nimm ihn in Deinen Dienst als wertvollen Freund.

Ein Fastenmonat!

Es sei vorausgeschickt, daß Du Dich unter keinen Umständen entkräften, ausmergeln, verelenden darfst. Es gibt bei allen Fastenmaßnahmen eine Grenze, die nicht überschritten werden darf, wenn ernster Schaden vermieden werden soll. Diese Grenze drückt sich in Deinem subjektiven Befinden aus; solange Du Dich frisch und arbeitskräftig fühlst, solange Du noch nicht „Haut und Knochen" bist, sondern noch eine deutlich abhebbare Fettschicht um den Leib trägst, ist diese Grenze noch nicht überschritten. Andererseits halte Dir immer vor Augen, daß Du kein Hungerfanatiker werden sollst, sondern **ein weiser Verwalter Deines Leibes**, den Du in die Zucht nimmst, wie etwa der Lehrer einen Knaben.

Praktische Ausführung

Richte zweimal wöchentlich einen **Suppentag** ein, an dem Du als Hauptmahlzeiten nur flüssige Nahrung nimmst. Zu den Kaffeemahlzeiten darf nach wie vor Brot genossen werden, Fleisch ist in jeder Form verboten. Erlaubt sind Milch und Eier. Selbstverständlich auch Fette und Öle aller Art, wobei bemerkt sei, daß Du gerade auf reichliche Fettaufnahme besonderes Gewicht zu legen hast. Fett ist namentlich für erhöht beanspruchte Nerven ganz unentbehrlich. Bevorzuge dabei, so weit irgend möglich, pflanzliche Fette. Die Suppen, welche die feste Nahrung ersetzen sollen, seien gediegen und gehaltvoll. Nimm zu ihrer Bereitung Hülsenfrüchte im Wechsel mit Mais- oder Mehlerzeugnissen aller Art, Hafer-, Gersten-, Buchweizengrütze, Gries, Graupen, Sago, Reis usw. Sehr zu empfehlen ist nach wie vor Obst.

Alle diese Nahrungsvorschriften müssen mit Lust und Liebe, mit innerer Bereitschaft erfüllt werden, nicht etwa als schulmäßige Vorschrift, der man sich wohl oder übel unterzieht. Nur wenn aus vollem Herzen gerne getan, genügen sie restlos ihrer Aufgabe – der psycho-physischen Verfeinerung Deines Gesamtorganismus. **Bleibt ein widerstrebendes Element in Deiner Seele, so wirkt es als Widerpart, als Hemmschuh dieser Entwicklung** und wird sie solange verzögern und beeinträchtigen, als es nicht völlig ausgemerzt ist. Soviel über die Allgemeinvorschriften dieser Stufe. Die besonderen ergeben sich aus folgenden Gesichtspunkten.

Dein Weg zu Dir – Dein Weg zu GOTT:

Um DICH zu finden, mußt Du Dich verlassen, um sodann als Verwandelter zu Dir zurückzukehren. Prüfe also, ob Du Dich verlassen kannst. Dich finden wirst Du nur, wenn Du Deinen geistigen Schwerpunkt verändert hast, wenn Du hier einmal „gestorben" bist, um dort zu erwachen, denn nur durch den „Tod" gelangt der Mensch zur Wiedergeburt. Du mußt also Dein kleines Ich opfern, um das große zu finden. Das aber wirst Du nur über Dich bringen, zu dieser Opferung wirst Du Dich nur entschließen, wenn Du als Wegzehrung die heiße Sehnsucht nach dem Göttlichen mitnimmst; denn heute noch wie in alter Zeit gilt die Verheißung: „So einer mich **sucht von ganzem Herzen**, siehe, so will ich mich finden lassen!"...

Suche auch Du von ganzem Herzen, dann wird Dir alle weitere Unterweisung, die ich Dir geben kann, hilfreiche Hand und neue Stufe sein, und Du wirst finden, vielleicht in einem Augenblick, wo Du es am wenigsten erwartest.

Die Söhne des Urlichts

Im Anfang unseres Weltentages war nur die große Urkraft, eine ätherisch geistige Grundsubstanz, von elektro-magnetischen Eigenschaften, aus der sich im Laufe der „Entwicklung" alle Wesen, vom Planeten bis zum Bakterium und Menschen, durch fortschreitende Verdichtung bildeten. Alles, was da lebt, ist geworden aus diesem universellen Feuernebel, der ersten Stoffwerdung des Urlichtes; es ist gewirkt und gestaltet aus der Gestaltlosigkeit, wobei die Gestirnseinflüsse als Träger bestimmter Weltrhythmen gewissermaßen richtunggebend wirkten. Die unendliche Verschiedenheit der Formen und ihr wechselvolles „Schicksal" beruht auf der an jedem Punkte andersartigen Kreuzung der himmlischen Kraftlinien. Man kann diese jeweilige Kreuzung Punkt für Punkt feststellen und berechnen, – eine Aufgabe, welche die wissenschaftliche Astrologie zu erfüllen hat, die heute in den ersten Anfängen eines ungeheuren Aufstieges steht.

Auch der Mensch ist nichts als ein Stück solcher verdichteter „individualisierter" Weltallskraft. Er ist ein auf Zeit abgesonderter Teil des Gesamtrhythmus und enthält, in gewissen durch die sterbliche Form bedingten Grenzen, sämtliche Möglichkeiten und Fähigkeiten des Urwesens. Will er sie üben oder üben lernen, so muß er – um die Fähigkeiten dazu erlangen zu können – als Einzelperson „entwerden", wie die alten Mystiker sagten; **muß das kleine Wollen opfern, um das große Wollen zu finden**; muß den „Fall in die Materie" (den „Sündenfall"), dessen Produkt die Vereinzelung, die Absonderung letzten Endes war, rückgängig machen und die Heimkehr ins Vaterhaus vollziehen, wie sie im tiefen Gleichnis der verlorene Sohn vollzog. Der natürliche Tod als solcher ist diese Rückkehr noch nicht. **Diese Rückkehr ist ein geistiger Vorgang.** Denn: Gott ist ein Geist, und die ihm dienen, müssen ihm im Geist und in der Wahrheit dienen! Nun merke auf:

Der geistige Atem

Nicht die ganze Ursubstanz ist zu sichtbaren Formen verdichtet. Die feurige Urkraft findet sich nicht nur in Deinem Organismus, allwo sie gewissermaßen den geronnenen, erstarrten Zustand gröbster Schwingungen angenommen hat. Sie ist nicht nur durch die tausend und abertausend Wesen zerstreut, welche die sichtbaren Welten bilden und bevölkern. Der Hauptteil dieses Urfeuers, Urlichtes, füllt vielmehr das gesamte Universum und bildet eine unsichtbare, über alle Begriffe gewaltige Schatzkammer, deren Eingangspforte dem Kundigen durchaus offen steht. Das Leitseil aber, das Dich in diese Schatzkammer führt, ist der Atem.

Der Atem ist sozusagen die **Nabelschnur**, durch welche Du ununterbrochen mit dem Allgeiste in Verbindung stehst. Stockt der Atem, so stockt Dein irdisch begrenztes Sonderleben. Ja, alle Leiden, die Deinen persönlichen Rhythmus stören, sind unweigerlich – Du magst darauf achten – mit Beeinträchtigungen der Atemtätigkeit verbunden. Angst, Neid, Schmerz, Geiz, Haß usw. gehen stets mit mehr oder weniger schweren Atemstörungen einher, weil sie auf einer Entfremdung vom Allgeiste beruhen. Stelle die Verbindung mit IHM wieder her, und alle Störungen verschwinden wie Nebel vor der Sonne.

Keineswegs ist die Bedeutung der Atemfunktion mit der physikalisch chemischen Aufnahme von Sauerstoff und der Ausscheidung von Kohlensäure usw. erschöpft. Es gibt auch einen „geistigen Sauerstoff", um das Wort beizubehalten, dessen Aufnahme für Dich von weit größerer Bedeutung werden kann.

Wisse, daß Dein Gesamt-Ich nicht mit den Grenzen Deines Körpers zusammenfällt; es befindet sich nicht nur **innerhalb**, sondern auch **außerhalb** desselben, ist weit umfassender als er, und der Atem ist die physische, äußere Funktion, welche die Verbindung zwischen beiden Teilen Deines Wesens herstellt. Er ist das **Hauptkabel**, das hier während des Erdenlebens **Dein niederes sterbliches Ich mit dem ewigen, dem kosmischen Menschen verbindet**. Willst Du Dich nicht dieses Kabels in vollem Umfange bedienen lernen?

Mit dem lebendigen Odem tritt ja in den Menschen die verborgene Kraft, die elektromagnetische Muttersubstanz ein, aus der nicht nur Bau und Zusammenhalt seines physischen Körpers immer von neuem gespeist wird – er fällt ja auseinander, sobald ihn der Atem endgültig verläßt – sondern die auch die Urelemente seines fluidalen, astralen Leibes liefert, der – meist unsichtbaren – zweiten Ausdrucksform seiner Seele. Den Atem wahrhaft beherrschen heißt darum: **Leben und Schicksal beider Körper nach seinem Willen formen und lenken**. Diese wahrhafte Herrschaft über den Atem wird durch seine **geistige Imprägnation** erlangt, und den ersten Schritt dahin, die bewußte Atmung, hast Du ja bereits praktisch geübt.

Allerdings ist das nicht mehr als der erste Schritt. Der zweite, eben jene Imprägnation, ist weit wichtiger.

Um sie recht und richtig vornehmen zu können, muß Deine Vorstellungskraft bis zu ausreichender Höhe entwickelt sein, ein Ziel, das wir auf früheren Schulungsstufen angestrebt haben. Und, was noch unvergleichlich viel wichtiger und wesentlicher: es muß sich in Dir der Vorgang des inneren Erwachens vollzogen haben, ohne den jede „Vorstellung" Oberflächentändelei, jedes „Wort" leerer Schall bleibt. Anders ausgedrückt, der Wechsel des inneren Standpunktes, die „Umstellung der Lichter" muß erfolgt sein, welche die Grundlage jeden weiteren Aufstieges ist. Wie weit Du bis jetzt auf diesem Wege vorangekommen bist, wirst Du selber am besten wissen. Du hast ja gelernt, Dich genau zu kontrollieren. Ich wiederhole: Habe Geduld mit dir! Nur wenn Du warten kannst, erntest Du die reife Frucht.

Die Erweckung des höheren Ich
Du hast bereits andeutungsweise und zum Teil praktisch die beiden Hauptzentren des zeugenden Feuers kennengelernt, die als „unteres" und als „oberes Licht" in Dich gelegt wurden. Du kennst ihre gegenseitigen Beziehungen und weißt, daß das obere nur erstarken kann, wenn das untere geschwächt wird. Nur wenn der niedere überwunden ist, kann der höhere Eros aufleuchten und derart in Aktion treten, wie wir es wünschen und anstreben.

Nun mußt Du wissen, daß zwischen den genannten beiden Kraftpunkten ein nicht weniger wichtiger dritter gelagert ist – **das astrale Herzzentrum**, das Du Dir etwa in der Gegend der Herz- oder Magengrube, unweit des physischen Herzens, zu denken hast. Hier treffen und schneiden sich die psycho-elektrischen Ströme der beiden Hauptrichtungen, nämlich die nordsüdliche, welche das obere Licht mit dem unteren verbindet, und die ostwestliche, die das äußere Licht mit dem inneren verknüpft. Beide Richtungen stehen also rechtwinklig aufeinander. Breitest Du stehend die Arme waagerecht aus, mit aufwärts gekehrten Handflächen, gleichsam den Atem des Weltalls empfangend, so gewinnst und begreifst Du damit das uralt heilige Symbol alles höheren, alles vollendeten Menschentums – das Kreuz.

„Selig sind, die reinen Herzens sind!"
Das astrale Herz, von dem das physische ein vergröbertes Abbild ist, ist also Ort und Organ eines hochwichtigen **Stromausgleichs**. Alle seelischen Vorgänge spiegeln sich unmittelbar in ihm: Alle Leidenschaften, wie Haß, Neid usw., aber auch alle Gemütsbewegungen, wie Furcht, Kummer, Schrecken rufen schwere Störungen in diesem bedeutungsvollen

Ausgleich hervor. Wie manches Herzleiden geht auf schweren Kummer zurück; wie mancher Tod auf plötzlichen Schreck! Und hast Du schon einmal darauf geachtet, wie unfrei und stockend gehässige Menschen atmen?!

Alles Physische wurzelt im Seelischen.

Je mehr aber Du Dich zum Lichte emporringst, je bedingungsloser der Genius in Dir obsiegt, je mehr *Du selber zum Lichte wirst*, umso schlackenloser arbeitet dieses lebenswichtige Zentrum, umso hemmungsloser durchfließen es die Ströme des Lichtes, umso besser, ruhiger leitet es den Kreislauf der oberen Kräfte, umso reiner spiegelt es den Glanz des Geistes. „Selig sind, die reinen Herzens sind – sie werden GOTT schauen!"...

Wortmysterien

Die Erweckung des höheren Ich ist eng mit dem tieferen Wesen des Wortes und der Atmung verknüpft. Worte entstehen nicht von ungefähr, bilden sich nicht etwa „von selbst", sondern sind treffende Symbole, inniger verbunden mit dem jeweils Ausgedrückten, als der oberflächliche Blick begreift. Ohne weiteres ist das verständlich bei gewissen Tätigkeitsworten, deren Klang augenscheinlich eine Nachbildung der darzustellenden Tätigkeit ist: Zischen, rauschen, donnern, blitzen, zittern, brechen usw., bei denen sich dem Hörer mehr oder weniger bewußt das Bild des Ausgedrückten geradezu aufdrängt. Je urwüchsiger eine Sprache, umso reicher ist sie an solchen „malenden" Worten, bei denen sich Laut und Inhalt in einer merkwürdig vollkommenen Weise decken. Die deutsche Sprache gehört, hiernach beurteilt, zu den vollkommensten Sprachen der Welt.

Forschest Du tiefer, so wirst Du finden, daß diese Beziehung zwischen Wort und Inhalt durchweg zu entdecken ist, ja, daß die ganze menschliche Sprache nichts ist als eine Aufeinanderfolge von solcherart bedeutsamen Lautsymbolen. Das gilt für jedes Wort, jeden Laut, ja, für jeden Buchstaben.

Nehmen wir z. B. die sogenannten Haupt- oder die Eigenschaftswörter, so machen wir die wunderliche Entdeckung, daß sie alle im Grunde nichts sind als fest, starr, sicht- oder fühlbar gewordene Tätigkeiten, **Bewegungen**, und zwar ausgedrückt, wiedergegeben durch die Sinnesempfindungen, die sie in uns auslösen. Schon bei den eigentlichen Tätigkeitsworten war letzteres ja der Fall. Der Wind „saust" und „heult", das Wasser „rieselt", der Donner „kracht" für mich, weil Wind, Wasser und Donner in mir solche **innere Empfindungen** auslösen, die durch die Worte „sausen", „heulen", „rieseln", „krachen" am besten, erschöpfendsten wiedergegeben werden. Eine Sinnesempfindung ist nun aber nichts anderes als eine Ätherschwingung bestimmter Art und Wellenlänge in unserer seelischen Zentrale. Die Farbe „Rot" schwingt, wie jeder weiß, anders, als die Farbe „Violett". Die äußere Luft- oder Ätherschwingung setzt sich also durch gewisse Übertragungsapparate in unser Inneres fort und gestaltet hier ein inneres Bild, das ich – je nach meiner gedanklichen Schulung – leichter oder schwerer durch einen Willensakt beliebig oft neu hervorrufen kann. Immer aber besteht ein intimer Zusammenhang zwischen diesem Innenbilde und dem Wort, durch das wir es ausdrücken. Ja, wir denken nicht eigentlich im Sinnes-, sondern vielmehr **in Wortbildern**, d. h. letzten Endes **in Buchstaben**.

Da wir nun alles, was wir schaffen, zunächst in Gedanken oder Wortbildern, d. h. wiederum letzten Endes: Buchstaben schaffen, so kommen wir unweigerlich zu der Erkenntnis, daß Buchstaben Kräfte, und zwar elementare Kräfte sind, auf deren richtigen Gebrauch man sich verstehen muß.

Denke ich „süß" oder „herb", „ruhig" oder „gellend", so liegt bereits in dem Wort als solchem, d. h. rein als Buchstabenfolge genommen, der damit verbundene, dadurch auszudrückende Sinn. Das gedachte Wort ist der Grundbau, das erste Kleid, die erste Form und Gestaltwerdung eines Dinges, das gesprochene Wort die zweite. Die sichtbare Verwirklichung in der äußeren, grobstofflichen, physischen Welt schließlich die dritte. Alle Dinge, die um uns sind, sind in dieser Art betrachtet, grobstofflich und greifbar gewordene Buchstabenfolgen, also Worte. Um das ganz zu verstehen, mußt Du Dich öfters und eingehend in diese Dinge vertiefen und praktische Versuche anstellen. Nur so wirst Du das innerste Wesen der Worte und Buchstaben, die voll lebendigsten Lebens sind, allmählich mehr und mehr erfassen lernen. Die ganze Welt wird Dir in einem neuen Sinne aufgehen als wirkliches und wahrhaftiges „Wort GOTTES".

Die Seele der Vokale

Betrachte z. B. den inneren Sinn des Vokals „i"; analysiere die Wirkung, die er beim Aussprechen (d. h. natürlich sein Laut, nicht die Figur, durch die wir ihn darzustellen pflegen!) auf Dein Empfinden ausübt. Fasse die Wortgruppen ins Auge, die er hauptsächlich bilden hilft. Du wirst finden, daß er wesentlich die Vereinzelung, Absonderung, ausdrückt (ich, wir, schlimm, grimmig, Mitte, Wille usw.), daneben aber auch ein feurig züngelndes Element (hitzig, Licht, Blitz).

Das „e" findest Du besonders als Symbol des Gedehnten, Fernen, Gestreckten usw. (Ebene, Fremde, Rede, Leben, See, Meer). Das heißt also: es schließt in sich die Bewegung in waagerechter Richtung.

Im „o" dagegen erfühlst Du die Bewegungsrichtung nach oben und erkennst das schon aus den Wortgruppen, die es vorzugsweise aufbauen hilft (oben, groß, loben, stolz, Tod, Gott usw.).

Im „u" findest Du das Untere, im „a" jedoch das Körperhafte. Begreifst Du nun, daß es seine tiefe Bedeutung hat, wenn die alte hochheilige Gottesbezeichnung „Jehova" alle 5 Vokale enthält?

Stelle auch an den Konsonanten Deine Untersuchungen an, Du findest auch hier wesentliche Geheimnisse gleicher Art verborgen. Du entdeckst im „l" eine innere Beziehung zur Welle, im „s" eine solche zum Feuer, usw.

Es ist unbedingt notwendig, daß Du täglich solche Studien machst. Ehe Du mit irgendwelchen Kräften arbeitest, mußt Du sie doch wohl kennen gelernt haben. Wie Du das praktisch anzufangen hast, darüber weiter unten näheres.

Das Heilige OM und seine Praxis

Nur soviel sei vorweg bemerkt. Es bestehen bestimmte Beziehungen zwischen gewissen Körperteilen und gewissen Buchstaben; ein Umstand, den man sich zu Nutze machen kann. Jedes Organ, jede Körperhöhle, jeder Körperteil hat sozusagen, um es verständlich auszudrücken, seine eigene Resonanz. Mache Dir das an einem Beispiele klar: Stehst Du vor einem Klavier und singst gewisse, klare musikalische Töne in das Instrument hinein, so weckst Du damit ein Echo. Die entsprechenden Saiten des Klaviers schwingen mit und nach, und zwar die einen stärker, die anderen schwächer. Schrille, disharmonische Geräusche erzeugen nur soweit ein Echo, als sie musikalische Töne enthalten.

Nun ist der Mensch nichts anderes, als ein Instrument, auf dem kundiger Wille zu spielen vermag, – vorausgesetzt, daß es „gestimmt" ist. Gibt es nicht Menschen, die ganz Musik sind? Und andere, deren ganzes Wesen eine einzige Dissonanz ist, oder die dauernd „verstimmt" sind?

Dein ganzer **Körper** ist nichts als fest gewordene, zur Form erstarrte **Rhythmik**. Er ist sozusagen das Fleisch gewordene „Wort Gottes", das sich ja, wie Du aus früheren Unterhaltungen weißt, in der sichtbaren Welt in Gestalt rhythmischer Gesetze äußert und offenbart.

Diese gestaltgewordene Rhythmik, deren Erstarrung ja in Wirklichkeit nur Schein ist, da sich hinter ihr lebendigstes Leben verbirgt, reagiert nun auf das Ausgiebigste auf alle von außen auf sie einwirkende Rhythmik. Das lehrt jeder Tanz, jeder Marsch, das lehrt die Wirkung der Musik im ganzen auf Befinden, Stimmung und Wohlbefinden der Menschen. Musik ist gar nichts anderes als hörbar gewordener, dem Ohr offenbarter Geist. Dieser Geist aber will und erstrebt Harmonie, und zwar im gesamten Bereiche seiner Offenbarung. Die den Alten bekannte „Harmonie der Sphären" ist ein wirkliches Ding, das sich bis in die niedersten physischen Welten auswirkt.

Um es noch einmal zu sagen: jedes Organ unseres Körpers hat seinen Eigenton, aus dem es geworden, auf dessen Rhythmik es aufgebaut ist. Gelingt es, diesen Ton von außen an das Organ heranzubringen, so tritt eine mitschwingende Erschütterung, eine Vibration desselben ein, die es zu erhöhter Aktion, zu verstärkter, potenzierter Leistung befähigt.

Der Angriffspunkt, „Sitz" des Göttlichen Genius im Menschen ist nun bekanntlich im Gehirn, und zwar in der Mitte des Kopfes, in der Gegend der sogenannten **Zirbeldrüse**, von wo er nach allen Seiten ausstrahlt. Es heißt also, den Eigenton der Schädelhöhle zu finden, in deren Brennpunkt dieses Ausstrahlungszentrum liegt, und ihn systematisch zur Anwendung zu bringen. Dieser Eigenton, der daran zu erkennen ist, daß bei seinem Lautwerden die weitaus stärkste Resonanz im Kopfinnern zu beobachten ist, ist nicht durchweg gleich. Er wechselt ein wenig nach den Individuen und Rassen, wobei die Kopfform, der Schädelbau eine wesentliche Rolle spielt. Für die Männer der arischen Rasse liegt er in der Gegend des musikalischen Tones E, der sich in der Mitte der üblichen Klaviatur befindet. Es ist notwendig, ihn für jeden Fall durch Versuche festzustellen. Darüber nachher weiteres.

Ton und Buchstabe stehen nun in einem engen Wirkungsverhältnis, indem der letztere dem ersteren sozusagen das organische Kleid gibt, in dem er seinen inneren Wert bestmöglichst auswirken kann.

Dieses Verhältnis ist weit enger, als sich mit kurzen Worten sagen läßt. Man kann von einem schrillen „i" sprechen, nicht aber von einem schrillen „a". Man kann ein „u" als einen tiefen Ton empfinden, nicht aber ein „e". – Bist Du bis zu einem gewissen Grade entwickelt, so wirst Du auch bemerken, daß Töne und Worte oder Wortteile, besonders die Vokale in einer seltsamen Beziehung zu den verschiedenen Farben stehen. Das ist die Erscheinung des sogenannten „Farbenhörens". Es ist wünschenswert, daß Du auf diese Dinge achtest und bei Dir selber entsprechende Prüfungen anstellst. Welche Farbenempfindungen werden bei Dir durch den Vokal „a", „e", „i", „o" oder „u" ausgelöst? Welche Farbenempfindungen durch das Hören von dieser oder jener Musikart oder dieses oder jenen Tones? Erkenne, daß auch Töne Licht sind, daß auch Licht als Ton empfunden werden kann, daß es einen Universalsinn geben muß, von dem Gesicht und Gehör nur menschliche Modifikationen sind!!

Die Buchstabenfolge, durch deren Anwendung der beschriebene Ton (nicht Vokal!) „e" seine stärkste Resonanz erhält, ist nun die altüberlieferte Heilige Sanskrit-Silbe OM, der auch in unserer Schulung eine grundlegende Bedeutung zukommt. Ihre Anwendungsweise systematisch zu üben, andererseits den inneren Umsturz des Raum- und Zeitbegriffes einzuleiten und zu fördern, ohne den Du nicht weiter kommst, sind wesentliche Aufgaben, die uns auf dieser Stufe beschäftigen müssen.

Praktikum

Du hast mit der Durcharbeitung obiger Gedankengänge reichlich zu tun, auch daneben bereits praktische Hinweise empfangen, nach denen zu verfahren ist. Erfülle nun folgende Sonderaufgaben:
Morgens:
   1. Übe das geistige Erwachen.
   2. Übe die kosmische Atmung.
   3. Stelle eine Betrachtung an über
   a) das Symbol des Fünfsterns (Pentagramms) im täglichen Wechsel mit
   b) dem Symbol der „Sonne".

Tagsüber: 4. Mache die Schweigeübung
(wie beschrieben).
5. Täglich einmal die Tausendjahrübung.
6. Bei den Hauptmahlzeiten die kosmische Denkübung.
Abends: 7. Übe in täglichem Wechsel
a) 1/2 Stunde lang das geistige A-B-C oder
b) Die Sargübung, mit „Ich bin"-Jubel und Ekstasis-Versuch.
Danach allabendlich die OM-Praxis.

Erläuterungen

Zu 1. Das *geistige Erwachen* wird symbolisiert durch das alltägliche Erwachen an jedem Morgen und soll unmittelbar im Anschluß daran geübt werden. Das „natürliche", d. h. nicht erweckte Bewußtsein des Menschen liegt gewissermaßen in einer Art Traumzustand, ist nicht voll aktiv. Unsere Übung will beitragen, es aus diesem Schlummer zu wecken. Verfahre dabei so:

Gleich nach dem Aufwachen ermuntere Dich durch wiederholte Anspannung sämtlicher Gliedermuskeln ganz. Hierauf nimm körperlich eine absolut erschlaffte Haltung an, suche also die vollkommene Körpererschlaffung, so wie Du sie schon lerntest, mit einem geistig-hellwachen Zustande zu verbinden. Auch der Kopf soll gänzlich unbeweglich liegen. Nun hänge dem Gedanken nach: Du bist soeben von einer weiten Reise zurückgekehrt, bist viele, viele Jahre lang weg gewesen und siehst alles, was Dich umgibt, soeben zum ersten Male. Betrachte – immer aus Deiner absoluten Ruhestellung heraus – das Zimmer mit seinen Einzelheiten, Tapete, Schränke, Gardinen usw. – als habest Du das alles noch nie gesehen. Laß es als etwas vollkommen Neues auf Dich wirken. Sieh, ob es Dir nicht mehr zu sagen hat, als bisher. Betrachte, wenn Du verheiratet bist, auch Deine Frau, Deine Kinder von diesem Standpunkte aus. Haben sie Dir nicht etwas zu sagen, was Du bisher nicht wußtest oder worauf Du nicht kamst? Nimm Dir jeden Tag etwas anderes vor. Hat die Übung ihren Zweck erfüllt, so fühlst Du es selber, ich brauche Dir darüber nichts zu sagen. Übungsdauer: einige Minuten.

Zu 2. Die kosmische Atmung wird gleich nach dem Aufstehen vorgenommen. Dauer: einige Minuten.

Setze Dich aufrecht, die Hände auf den Knien, den Rücken frei, den Blick durchs Fenster, das tunlichst offen sein soll, hinaus gerichtet. Nun atme langsam und frei, mit voller Gedankenaufsicht, doch ohne jede krampfhafte Unnatürlichkeit.

Denke dabei und male Dir folgendes genauer aus: „Mit jedem Atemzuge trete ich in unmittelbare Verbindung **mit den Enden der Welt!** Die Luft, die ich einziehe, setzt sich ununterbrochen fort rund **um den ganzen Erdball**, bis weit in den Weltraum hinein. Ich ziehe den Atem also aus dem Weltraum her in mich ein, setze mich **aktiv mit den fernsten Fernen in Verbindung**, und diese fernsten Fernen sind Geist, lebendiger Geist! Ich ziehe also aus dieser Geistschatzkammer alle Kräfte in mich hinein, die ich wünsche!" Hast Du berechtigte Wünsche, so lade also Deine Einatmung mit denselben. Übe so solange, bis es Dir ganz gelingt und Du das deutliche Gefühl hast, es richtig gemacht zu haben. **Übertreibe die Übung nie**, überanstrenge Dich nicht; je vollkommener Du dabei Deinen Körper vergißt, desto besser. Am zweckmäßigsten beginnst Du mit der Vorstellung: „Die Enden der Welt", wie oben angedeutet, gehst dann zu dem lebhaften Gedankenbilde „Schatzkammer des Geistes" über und schließest die Wunschatmung: „Ruhe und Kraft für den ganzen Tag" (oder ähnlich) an. Doch muß es Dir selbst überlassen bleiben, hierin – nach Deinen jeweiligen Umständen – Abänderungen eintreten zu lassen.

Zu 3a.) Die Betrachtung „der Fünfstern" wird so vorgenommen: Zeichne Dir selber mit Tinte oder Blei ein Pentagramm in der bekannten Weise, indem Du es mit 5 gleichen Strichen als aufrecht stehenden Stern zeichnest, wie hier

(Durchmesser etwa 5 cm). Nun stelle diese Zeichnung so vor Dich hin, daß Du sie bequem ins Auge fassen kannst. Setze Dich davor und gehe in den wohlbekannten Passivzustand über. Beginne mit einer Betrachtung des Sterns, etwa im Sinne folgender Fragen: Worin liegt seine Eigenart und Vollkommenheit? Welche Beziehung hat die 5-Zahl zu Dir selber?

Nun stelle Dir die Linien als **feurig erstrahlend** vor und laß sie als Kraftlinien auf Dich einwirken. Versenke Dich ganz darein. **Nimm die äußere Haltung des Sterns ein und suche zu fühlen, wie er in Dir selber aufglänzt.** Sprich zu Dir: „Der Stern aus dem Chaos!" Fühle mit Inbrunst, wie die Feuerlinien Dich durchdringen, wie Du selbst zu dem Sterne wirst. **Übungsdauer nicht über 10 Minuten.**

Zu 3b.) Die Betrachtung „Symbol der Sonne". Zeichne Dir auf gleiche Art einen Kreis von etwa 3 cm Durchmesser, darin einen Mittelpunkt. Nimm die Betrachtung in derselben Weise wie geschildert vor, und zwar unter Konzentration auf folgende Gesichtspunkte: **„Warum ist der Kreis vollkommener als der Stern?** Was oder wen stellt der Kreis dar? Was oder wen stellt der Punkt dar? Wenn ich den Punkt an eine beliebige Stelle im Kreis verschiebe, was geschieht mit dem Kreise?!"

Nun stelle Dir auch den Kreis als feurig strahlend vor. Versetze Dich im Geist in den Mittelpunkt und versenke Dich ganz darein. Nach allen Seiten ist es gleich weit zum Kreise. Überall, rings um Dich, flammt feurig die Lohe.

Ändere Deinen Platz innerhalb des Kreises! Was geschieht nun mit dem Kreise? Versetze Dich an verschiedene Punkte innerhalb des Kreises! Wo und wie siehst Du ihn jetzt? Sprich zu Dir: „Überall Mittelpunkt!" Erlebe dies innerlich. **Übungsdauer nicht über 10 Minuten.**

Zu 5. Die Tausendjahrübung: Male Dir recht eingehend aus, was aus diesem oder jenem Menschen oder Ort in 100 Jahren geworden sein mag. Du selbst, Deine Freunde, Deine Kollegen, Deine Konkurrenten, Deine Frau, Deine Kinder, **was ist in hundert, fünfhundert, tausend Jahren aus ihnen geworden?** Sieh ihre bleichen Gebeine, die bei Berührung zerfallen und Staub und Moder werden. Sieh sie in Erde, Sand, Wasser, in der Heimat, in der Fremde zerstreut. Gestorben an plötzlichen oder schleichenden Krankheiten, verunglückt, getötet, gefallen. Nimm Dir jeden Tag eine andere Person vor und betrachte sie unter diesem Gesichtswinkel.

Dann geh zu Örtlichkeiten über. Das Haus, in dem Du wohnst, die Straße, der Stadtteil, die ganze Stadt, ja das Land, was wird in 100, in 500, in 1000 Jahren aus ihnen geworden sein?! Sieh Häuser, wo heute Gärten sind; Gärten, wo heute Häuser stehen. Sieh die Städte verödet oder hinweggenommen, Wälder haben sie abgelöst, wie einst. Wüsten und Steppen dehnen sich, wo die Pulse der Großstadt klopften. Pflanzen und Tiere fanden neue Reiche, wo der Mensch sich so lange Herr über sie gedüngt. Wer hat sie alle hinweggenommen? Wer hat sie verwandelt, wer in andere Form gebannt?

Form und Verwandlung ist alles was Du siehst, nur das Tempo wechselt, nur Dein Blick ist beschränkt. Und um solche vergängliche Formen konntest Du einmal trauern oder Dich rühmen? Dein ganzes Leben ist nichts als ein rasender Sturz in den Tod. Welchen Narrentanz und Jahrmarkt hat geblähter Wahnsinn rings um Dich herum aus diesem Augenblick Gottes gemacht?!

Zu 6. Die kosmische Dankübung: Bei jeder Speise, die Du Dir nimmst, halte einen Augenblick an und sende Deine Gedanken voll Dank dorthin, wo sie für Dich wuchs. Ißt Du einen Apfel, so denke an den Baum, der für Dich blühte, damit Du lebst. Trinkst Du Milch, so denke an die Herde, die sie Dir opferte. Beim brechen des Brotes an das Kornfeld, das die Sonne für Dich reifte. Wäre es nicht für Dich geschehen, so genössest Du jetzt diese Dinge nicht. Alle diese Speisen sind unmittelbare Botschaften aus dem Reiche des ewig Lebendigen; Botschaften, die Dir sagen sollen: Lebe! Lebe für mich! – Deine Antwort sei **dankbares Genießen**.

Sage nicht: „Ich zahlte ja für alles!" – Du zahltest mit Geld, aber wer gab es Dir? Wer bediente sich der menschlichen Mittler, um es Dir zu geben?

Sage nicht: „Ich opferte dafür meine Arbeitskraft. Ich habe ein Anrecht darauf..." Wer machte Dich arbeitsfähig und erhielt Deine Gesundheit? Wer schützte Dich vor Unglücksfällen?

Opfere dem Allgeiste, ehe Du dies und das ißt, einen dankenden Gedanken. Sprich wenig, sondern iß bewußt, so wird jede Mahlzeit Deine innere Entwicklung fördern.

Zu 7. Die Abendübungen sind weitaus die wichtigsten dieser Stufe, zumal Du ihren Eindruck mit in den Schlaf hinübernimmst.

Das **geistige A-B-C** steht an der Spitze. Es ist von größter Bedeutung für die praktische Erweckung des in jedem schlummernden, in Dir aber schon im Aufwachen begriffenen Ewigen Menschen. Es will mittels der Buchstabenkräfte den geistigen Körper schaffen und entwickeln helfen der allein Dir eine persönlich-bewußte Fortdauer über den physischen Tod hinaus zu gewähren vermag. Wir haben vorhin diese Buchstabenkräfte als elementare Bewegungssymbole kennengelernt, als sozusagen letzte Einheiten, auf welche die ganze Vielgestaltigkeit der Dinge um uns herum zurückgeführt werden kann. Da nun auch der Mensch zu dieser Vielgestaltigkeit der Dinge gehört, so lernt er auf Grund dieser unteilbaren Einheiten oder vielmehr der in ihnen verborgen wirkenden Kräfte sich selbst auf einer neuen Grundlage neu schaffen. Es offenbart sich ihm ein letztes Begreifen seiner selbst, ein erfühlendes Erfassen seines tiefsten Wesens, das auf andere Art unmöglich erreicht werden kann. Das Verfahren ist ebenso alt wie bewährt.

Keineswegs handelt es sich hier um eine Intellekthandlung im landläufigen Sinne. Was hier in Bewegung gesetzt wird, steht über und hinter allem Intelligenzmäßigen, es darf nicht vom Standpunkte landläufigen Verstandes beurteilt werden, sondern **nur auf Grund eigener Erfahrung**, die allein das rechte Wissen vermittelt.

Man muß den ganzen Vorgang am ehesten zum Atemvorgang in Parallele stellen. Gerade wie erst **das bewußte, geistige Atmen** diesem die höchsten Eigenschaften verleiht und es in der Hand des wissenden Praktikers zur unschätzbaren Waffe macht, gerade so will Dich die Buchstabenpraxis lehren, Künstler und Klaviatur zugleich zu sein, Sänger und Lied in einem, weil nur dann das Lied die Gewähr des ewigen Lebens, ungestraften Durchganges durch die Todespforte erlangt, **wenn es mit dem höheren Selbstbewußtsein des Menschen die mystische Ehe schloß**.

Worauf es ankommt, ist dies: Du sollst lernen, die Buchstaben in Gedanken zu sprechen und dabei Deine Ichvorstellung in gewisse Körperteile zu versetzen. Da es sich dabei nicht nur gewissermaßen, sondern auch tatsächlich um ein neues Stehen- und Gehenlernen im Geiste handelt, so hast Du diese Übungen im Fundament, nämlich bei den Füßen zu beginnen. Du schreitest dann von Körperteil zu Körperteil, von Organ zu Organ systematisch nach oben fort, und es ist wünschenswert, daß Du Dich über den inneren Bau Deines Körpers in seiner Gesamtheit, wenigstens in groben Umrissen, unterrichtest. Die Übungen werden dadurch erleichtert und befördert. Im übrigen ist es ein Gesetz, daß bei richtiger Anwendung und Weckung dieser Kräfte in den „Füßen" der Vergeistigungsprozeß automatisch auf die übrigen Körperteile übergreift, so daß es für uns hier genügt, auf die Eintrittspforte des Weges hinzudeuten, den jeder recht Übende dann ganz von selber weiter findet.

Verfahre so: Wähle eine ruhige Abendstunde und einen ungestörten Ort, um die Verlebendigung des Wortes zu üben. Beginne in geeigneter Haltung mit einer **Anrufung**. Sammle Dich, schließe die Augen, breite die Arme seitwärts aus, die Ellenbogen gewinkelt, die Hände nach oben leicht geöffnet, gleichsam in empfangender Gebärde, und sprich langsam, unter sorgsamer Durchkostung jedes Wortes:

„Vollkommener Geist, ich rufe dich!
Vollkommener Geist, erleuchte mich!
Mach hier zu dort, und dort zu hier,
Sei Du **allgegenwärtig** mir!"

Mit diesen Worten ruft der Sterbliche in Dir den Unsterblichen an.

Hierauf beginne mit der eigentlichen Übung, die Du sowohl im Stehen als auch im langsamen Gehen oder im Sitzen oder Liegen vornehmen kannst. Probiere aus, auf welche Weise sie Dir am besten gelingt. Am zweckmäßigsten pflegt es zu sein, so zu verfahren wie bei den Konzentrationsübungen, nämlich – wenigstens anfangs – eine passive Gliederhaltung herbeizuführen, da das Ziel auf diese Art am ehesten erreicht wird. Später ist man von solchen Vorbedingungen nicht mehr so abhängig. Jede Fähigkeit entwickelt sich ja durch Übung.

Nun suche die Buchstaben – zunächst nur einen – in den Füßen lebendig werden zu lassen. Das geschieht am besten unter Zuhilfenahme der Atmung. Atme langsam und vollkommen natürlich ein und stelle Dir bei der Ausatmung vor, daß Du den Buchstaben in den – beispielsweise linken – Fuß hineinatmest. Gleichzeitig suche Dein Ich-Bewußtsein in den linken Fuß zu versetzen und die innere Wirkung, das innere Wesen, den Geist des Buchstabens im Fuß zu fühlen, fühlend zu erfassen. Das klingt schwieriger, als es bei – einiger Beharrlichkeit – ist. Es kommt aber darauf an, Energie und Ausdauer zu entwickeln. Ohne sie kannst Du nicht der Baumeister Deines unvergänglichen Körpers werden. Du mußt so lange üben, so lange – wenn es nicht gleich gelingt – wiederholen, bis Du gewisse Veränderungen in dem betreffenden Körperteile, also zunächst dem Fuße, deutlich fühlst. Erst dann ist der Sinn der Übung erfüllt, das jeweilige Ziel erreicht. Daß dadurch auch der physische Leib im Laufe der Zeit eine Veränderung, Verfeinerung erfährt, die in die Augen springt, soll nicht unerwähnt bleiben.

Es sei hier gleich bemerkt, daß dieses ganze System nicht in einem Monate, auch nicht in mehreren Monaten durchgearbeitet werden kann. Eine Erkenntnis, die sich Dir im Laufe der Zeit ohne weiteres selber aufdrängt. *Um es zu vollenden, sind in jedem Falle Jahre notwendig, und zwar Jahre ernster, anhaltender Arbeit und Versenkung in die Aufgabe.* Die göttliche Buchstabierkunst ist kein Kinderspiel, und wer sich an ihren Seltsamkeiten stößt und beim ersten Lesen der Vorschriften etwas „kindisch" oder „abgeschmackt" oder „unverständlich" findet, was auf uralter Erfahrung beruht und durch tausendfache Praxis bewährt ist, der weiß wahrlich nicht, was er tut, und wird sehr bald umlernen, sobald er selber sich auf den Weg begibt.

Zu 7b. Die Sargübung. Verdunkele das Zimmer. Stelle eine brennende Kerze über Dein Haupt. Lege Dich auf ein Ruhebett, eine Pritsche oder dergleichen. Zur Not auf einen bequemen Stuhl. Führe die Passivität herbei und gehe in folgende Betrachtung ein:

Du liegst jetzt im Sarge, lebe Dich mit allen Sinnen in diese Vorstellung so intensiv wie möglich ein. Fühle, wie die Sargwände Dich von allen Seiten eng umschließen, wie Deine Füße das Holz berühren, wie der Deckel über Dir geschlossen ist. Rieche die fauligen Totenkränze. Höre den Holzwurm in den Wänden des Sarges. Rufe in Dir wach das Gefühl der

Abgeschiedenheit, der großen Einsamkeit. Hast Du Dich von diesen Vorstellungen gründlich durchdringen lassen, so geh zum zweiten Teil der Übung über.

Der Körper ist Dein Sarg. Du bist in ihm begraben. Glieder, Fleisch und Knochen sind die Wände des Sarges, in den Du eingekerkert bist. Hast Du dies handgreiflichst empfunden, so durchlaufe drittens diese Gedankenreihe:

Bist „Du" mit Deinem Körper identisch? – Nein! Bist Du Knochen, Fleisch, Nervengewebe, Hirn oder Lunge? – Nein, gewiß nicht! ... Alles das ist lediglich Dein Werkzeug, dessen Du Dich bedienst. **Du selbst – wer bist Du selbst?** Ein völlig gleichwertiger Teil des universalen Weltallwillens, ewig und unzerstörbar wie er, Geist von seinem Geiste. Werde Dir dessen in voller Tiefe bewußt! Es kommt darauf an. Sprich langsam und mit starker Betonung die Worte „Ich bin!" im Geiste vor Dich hin. Jubele sie in Dich hinein! Fühle es: „Ich bin schaffender Geist, der sich nicht wandelt! Die Form ist ein geschaffenes Ding, das zerfallen mag, wenn es seine Aufgabe erfüllt hat!" Laß Dich durchschauern von der Größe dieses Gedankens: „Unsterblicher Geist!" ...

Schließlich geh über zum Ekstasis-Versuch. „Ekstasis" heißt „außen stehen, sich nach außen stellen", anders gesagt: Heraustreten. Du willst heraustreten aus Deinem physischen Leibe, um die Folgerung aus Deinem Wissen zu ziehen. Das geschieht so: Stelle Dir im Geiste so intensiv als möglich vor, wie Du Dich erhebst, aufstehst und langsam zur Tür gehst. Du mußt Dir dabei jede einzelne Bewegung vorstellen, die hierzu notwendig ist, namentlich bei den ersten Versuchen. Je vollständiger Deine körperliche Passivhaltung ist, je hingegebener Deine Gedanken an die Übung desto eher und besser gelingt sie. Glückt es nicht sofort, so schadet das nichts. Alles ist Entwicklung.

An der Türe stehend, blicke zurück auf Deinen ruhig daliegenden Körper. Betrachte seine Einzelheiten, die Lage der Glieder, Farbe und Ausdruck des Gesichtes, Einzelheiten des Möbels auf dem der Körper liegt, und der weiteren Umgebung. Es handelt sich hierbei, wohlgemerkt, nicht etwa um eine gewöhnliche Fantasieübung, sondern um eine Übung der geschulten Vorstellungskraft, die Dir umso rascher gelingen wird, je bessere Fortschritte Du bisher auf dem „Wege" gemacht hast. Um eine Handlung der Selbstobjektivation, in der sich ein großes Geheimnis praktisch auswirken soll, das Geheimnis der potentiellen **Allgegenwart des Geistes**.

Bedenke, daß jegliches Irgendwohin-Denken überhaupt schon ein gewisses Dortsein bedingt. Du „bist mit Deinen Gedanken" da und da, das heißt: Du bist mit einem Teile Deines Wesens, Deiner Gesamtperson tatsächlich dort. Du versetzt Dich wirklich und wahrhaftig dorthin. Nun sollst Du lernen, diese Hinversetzung zu solcher Intensität zu steigern, daß Du imstande wirst, von diesem neuen Standpunkt aus tatsächliche, objektive Wahrnehmungen zu machen. Dieser Erfolg ist abhängig einerseits von dem Grade, in welchem Du Deinen physischen Körper und überhaupt Dein grobes Ich vergessen kannst; andererseits von der erreichten Konzentrationsstufe. Alles, was Dir „außen" scheint, ist ja nichts als Deine innere Vorstellung.

Wiederhole obige Übung also solange, bis Du unverkennbar das Gefühl des „Außer-Dir-selber-seins" gespürt und objektive Wahrnehmungen gemacht hast, die Du nachprüfen konntest. **Übe jedoch nie länger, als eine halbe Stunde täglich.** Ist das Ziel bis dahin nicht erreicht, so verschiebe es auf das nächste Mal. Häufige Wiederholung führt zum Ziele. Stellen sich irgendwelche körperliche oder nervöse Beschwerden ein, so brich die Übung auf der Stelle ab. Wiederhole sie das nächste Mal in aller Ruhe.

Ist diese Grundübung gelungen, so verlaß in Deinem Entrückungszustande das Zimmer, begib Dich in andere Zimmer desselben Hauses, wo Dir bekannte Personen sich befinden, und suche festzustellen, was dieselben gerade tun und treiben. Mach diesen Gang geistig in allen Einzelheiten genauso, wie Du ihn physisch machen würdest. Prüfe stets nachträglich nach, was Du etwa an Besonderheiten oder Veränderungen bemerkt hast. Mache nur solche Übungen, deren Ergebnis Du nachprüfen kannst. Beschränke Dich vorläufig auf die Bewohner desselben Hauses. Hast Du gemerkt, daß diese Übung Dich zu sehr angreift, so mache sie zunächst nur wöchentlich 1-2 mal! – Nichts darf erzwungen werden, alles muß sich organisch entwickeln. Es ist auch nichts dagegen einzuwenden, wenn Du sie vorläufig ganz wegläßt, um sie später gelegentlich nachzuholen; dann hätte die Übung 7b also mit der „Ich bin"-Durchstrahlung abzuschließen.

Zu 7c. Die OM-Praxis betreffend, die den Schlußstein jedes Tages zu bilden hat.

Stelle zunächst den oben erläuterten Eigenton fest. Mache praktische Versuche, indem Du einen Ton nach dem anderen langgedehnt singst, am zweckmäßigsten unter Zuhilfenahme eines Klaviers oder eines anderen passenden Instrumentes. Die heilige Silbe OM muß dreizeitig gesungen werden, und zwar in der Lautfolge A-OU-M, jeder Vokal lang gedehnt, worauf das M als summender Nachhall den Beschluß macht. Die drei Vokale nicht in scharf akzentuierter Trennung, sondern nur leise von einander abgesetzt.

Ist der bewußte Eigenton gefunden, so empfehle ich, die Silbe für den Anfang zu singen eingerahmt durch die Sätze:
„Gott ist Geist" und „Licht ist Gott! Leben!"

Man richte sich etwa nach dem Notensatz, der hier schematisch als Erläuterung beigegeben ist.
Gesang (sehr getragen):

Gott ist Geist, A-OU-M, Licht ist Gott, Leben!

Wie man sieht, gruppiert sich die ganze Übung sozusagen um einen einzigen Akkord, dessen ernste und tiefe Ruhe äu-

[Notenbeispiel: Gesang und Klavier — "Gott ist Geist, A-OU-M, Licht ist Gott, Le-ben!", sehr getragen]

ßerlich wie innerlich zur Auswirkung gebracht werden soll. Der ganze kleine Tonsatz ist wenigstens 12 mal hintereinander zu wiederholen. – Im Laufe des Abends kannst Du dann dazu übergehen, die Übung ohne Musikbegleitung zu machen und sie auf die erste Hälfte zu beschränken, die ja das Wesentliche enthält. Du mußt sie in vollkommener Ruhehaltung machen, aufrecht sitzend, die Hände auf den Knien, die Augen geschlossen, unter gänzlicher Hingabe an Wort und Ton; mußt selber gewissermaßen **zu Wort und Ton werden**. Wenn der gefundene Grundton ein anderer ist, so hat sich natürlich auch der Akkord und seine musikalische Umrahmung nach ihm zu richten. Häufigere Akkorde sind z. B. (von tief zu hoch) c, e, g oder c, fis, a – immer in der Mittellage.

Die ganze Übung ist elementar einfach und leicht ausführbar. Die Vokale a, o und u stehen in einem ganz bestimmten Schwingungsverhältnis, in einer ganz bestimmten inneren Beziehung zueinander, die Du herausfinden, herausfühlen kannst, wenn Du genau auf die Bewegung Deines Mundes, ja, überhaupt des ganzen Stimmapparates während des Aussprechens achtest. Bist Du nicht im Besitze eines Instrumentes, so kannst Du Dir auch ohne ein solches helfen. Du brauchst die einleitenden Sing- und Resonanzversuche nur nach Deinem angeborenen musikalischen Gehör und Empfinden zu machen. Es wird Dich sicher leiten, sofern Du nur einigermaßen darauf zu achten gelernt hast.

<<>>

Sechster Brief

„Mache Dich auf, werde Licht"

Imprägniertes Wasser.
Die Zentrifugalübung.
Die Unendlichkeitsübung.
Höhere Spiegelübung.
Die Verzinsung der Gedanken.
Hilf Dir selbst.
Die Entäußerungsübung.
Die Geheimnisse des Namens. – Namen-Magie. –
Vollkommene und unvollkommene Namen.
Vom Schicksal der Gestorbenen.
Die Herz-Gottes-Andacht.
Die Sonnenatmung.
Sonnenmeditation.
Vom geistigen Wandern.
Die kosmische Frage.
Der Glaube als Willenspotenz.
Die Pilgerfahrt.
Der Kerzen-Psalm.

<<>>

Du hast bereits im vorigen Briefe bemerkt, daß Dir gewisse Freiheiten gelassen wurden, eine Sache so oder anders auszuführen. Diese Freiheiten waren notwendig. Es ist jetzt an der Zeit Dich von der führenden Hand langsam zu lösen und Deinem geistigen Eigenwuchs den Spielraum zu gewähren, ohne den Du Dich nicht so entfalten kannst, wie diese Briefe es wünschen. Was sie wollen, ist ja **nicht**: geistige Uniformierung, nicht: Entmündigung, sondern – wenn auch auf der Grundlage einer durchweg gleichartigen mystischen Verankerung – die durchaus individuelle Entwicklung der tieferen Seelenkräfte. Also eine neue, höhere Mündigkeit! Die astrologisch verschiedenartige Bedingtheit der einzelnen Menschen bedingt auch eine sehr verschiedenartige Verteilung der sich entwickelnden geistigen Gaben, und darauf ist Rücksicht zu nehmen. Liegt die Stärke des einen mehr im hellseherischen Traum oder in der Schauung, so findet der andere sie mehr in der Fern-Kraft-Wirkung. Die Krone der Geistesentwicklung bleibt zwar die Vereinigung des aktiven mit dem passiven Element; doch ist nicht jeder dazu geboren, sie in diesem einen Leben zu erreichen.

Ich gebe Dir in folgendem die Hauptziele der sechsten Stufe nebst den dazu gehörigen Übungsvorschriften. Ich gebe sie so vollkommen, wie sie gegeben werden können. Dir aber sei es überlassen, wie Du sie über die Zeiten des Tages verteilen willst oder zu verteilen für gut hältst. Dir überlassen sei auch die Verschmelzung der neuen Übungen mit einigen der 5. Stufe, die keineswegs abgeschlossen sind, wie Du erfahren haben wirst. Ebenso hast Du künftig selbst zu entscheiden, welche Übungen Du sogleich, welche Du später machen willst. Die unbedingt und in erster Linie zu erledigenden werde ich von nun an durch den Vermerk „Ringübung" in der Weise kenntlich machen, daß ich einen Ring am Kopfe der Übung anbringe.

Auch auf der 6. Stufe laß nie ab, an Dir selber im Sinne der Charakterformung zu arbeiten – Du formst damit Dein Schicksal. Glaube nicht, daß es mit Erledigung dieser oder jener Übung oder Übungsreihe ein für allemal getan sei. Sei vielmehr ständig auf der Hut vor Rückfällen, sei ein wachsamer Soldat des Geistes.

Imprägniertes Wasser

Als wirksames Selbstbeeinflussungsverfahren empfehle ich Dir zu den früheren dieses: Schreibe den betreffenden Befehlssatz mit großen, am besten blauen oder schwarzen Buchstaben auf ein Stück Papier und lehne dieses an ein zur Hälfte gefülltes Wasserglas. Dieses stelle an den Rand eines Tisches oder dergl. und setze Dich selbst in geeigneter Entfernung (etwa 1/2 m) davor. Das Licht muß scharf auf den Zettel fallen. Nimm hierauf die passive Haltung ein und versenke Dich zunächst gänzlich in Wortlaut und Sinn des Satzes. Lebst Du ganz in demselben, so richte den Blick auf das Glas und wolle, bzw. stelle Dir intensiv vor, daß der Geist des Befehls in das Wasser ziehe. Alsdann stehe auf und lade das Wasser noch einmal besonders, indem Du das Glas in die linke Hand nimmst, während Du die Finger der rechten Hand von oben über das Wasser herabhängen läßt, gleichsam um Deine Gedankenströme in das Wasser einfließen zu lassen. Tu dies mit ausgesprochener Befehlsgebärde. Du vollziehst damit eine geistige Imprägnation des Wassers, die sich jedem seelisch Feinfühligen als tatsächliche Veränderung des Wassers, nachprüfbar an dem veränderten Geschmack, deutlich darstellt. Gedanken sind ja feinstoffliche Dinge elektro-magnetischen Charakters...

Zum Schlusse trinke das Wasser langsam, am besten bei geschlossenen Augen, aus.

Unser ganzes Leben ist, richtig verstanden, eine **Pilgerfahrt** unseres niederen Ich zu unserem höheren ICH. Wer aber die Raupe in den Schmetterling verwandeln will, der muß sich zuvor geistig mit dem Gedanken des Fliegens vertraut gemacht haben. Nur aus der Sehnsucht können die Flügel wachsen. Als Leitsatz stellen wir daher über diese Stufe den Satz:

„Du bist ich!"
Alle anzuordnenden Exerzitien ranken sich um diesen Satz als Mittelpunkt. Worauf es dabei immer wieder ganz wesentlich ankommt, das ist die systematische Umwandlung Deines gewohnten Raum- und Zeitbegriffes, die geordnete Lösung vom Herkömmlichen, die Herbeiführung eines erweiterten, umfassenderen Ich-Bewußtsein. Hierzu empfehle ich Dir als geeignete Vorbereitung zunächst:

Die Zentrifugalübung

Nacheinander versenke Dich in folgende Vorstellungen:
a) Bergesfuß,
b) Meereswelle,
c) Wolke,
d) Sternenhimmel.

Du sollst Dich weniger objektiv, als vielmehr subjektiv in diese Begriffe hineinfühlen, so daß Du geistig gewissermaßen zu dem wirst, was sie bedeuten. Verfahre dabei so:

a) Bergesfuß: Stelle Dich mit geschlossenen Augen hin, spreize die Beine so, als wolltest Du sie gleichsam in die Erde verankern, mit der Erde verwachsen lassen. Halte Dich bewegungslos und stelle Dir so lebendig als möglich vor, Du seist ein Berg, Deine Füße der Bergesfuß. Auf Dir wachsen Wälder. Durchzogen bist Du von Wasseradern, brausendes Leben pulsiert in dir. Mit der Erde verwachsen, bist Du ein Teil von ihr und fühlst ihre Wonnen und Schmerzen: die glühende Sonne, den brausenden Sturm, selbst jeder Schmerz eine Wonne, denn er ist Leben!

b) Meereswelle: Verfahre nach demselben Grundsatz. Versenke Dich in das Wort und in das, was es darstellt. Hab Teil an dem Wogen und Wallen der unendlichen Flut. Rings um den Erdball! Los und ledig der Scholle, im freien, endlosen Gleiten! Sei selber die Welle, fühle Dich als Welle!

c) Wolke: Verfahre ebenso, doch mache die Übung im Sitzen, in Konzentrationshaltung. Versenke Dich in die Vorstellung des freien Schwebens, hoch über Schlünden und Gründen der Tiefe. Sieh die Erde weit da unten als Kugel. Unterscheide die blauen Meere, die grünen Wälder, die weißen Schneezonen der Gletscher. Sieh die silbernen Bänder der Flüsse. Sieh über Dir die ewige Sonne in unerschöpflicher Glut.

d) Sternenhimmel: Diese Teilübung ist am schwierigsten; sie wird am besten in völliger Ruhelage vorgenommen. Am besten abends, wenn Stille eingetreten ist, etwa auf einem Divan oder im Bette, vor dem Einschlafen. Versenke Dich in dieses Vorstellungsbild: die Grenzen Deiner Haut sind die Grenzen des Firmaments. Du bist selber der Sternenhimmel, mit allem, was darinnen ist. In Dir kreisen Sonnen und Planeten, Monde und Kometen. Kreisen in majestätischer Ordnung und Ruhe. Wie das Blut Deinen Körper, so durchströmen lebendige Kraftströme den inneren Kosmos. Und wie der Funke Deines Gedankens mit Blitzesschnelle in Arm, Haupt oder Bein gegenwärtig ist, so bist Du auch im inneren Kosmos überall „da", wo Du sein willst. **Du bist überall, wo Du sein willst.**

Wird die Übung richtig gemacht, so bringt sie mit sich eine Empfindung vollendeter, sicherer Ruhe, die mit nichts zu vergleichen ist. Jedes etwaige Aufkeimen von Unruhe sagt Dir, daß Du irgend einen Fehler begingst und die Übung ein andermal von neuem versuchen sollst. Demselben Zwecke dient:

Die Unendlichkeitsübung

In entsprechender Ruhestellung fixiere einen hellen Punkt, Lichtstrahl oder dergleichen, z. B. einen Sonnenstrahl, der durch eine Vorhangspalte fällt, oder einen Strahl des Lampenlichtes, den Du durch geeignete Maßnahmen isolierst. Fixiere ihn solange, bis das Nachbild ebenso deutlich ist wie das Urbild. Zur Erzeugung und Kontrolle des Nachbildes genügt es, rasch von dem Objektpunkt wegzublicken und das Auge auf einer dunklen Unterlage ruhen zu lassen. Hierauf wechsele den Platz, rufe das Bild neu hervor, bis es verblaßt und in die Vorstellung des unendlichen Raumes übergeht. Besonders wichtig wiederum ist die:

Höhere Spiegelübung

Lerne Dein ganzes äußeres Leben als Spiegelung Deines inneren Lebens betrachten. *Alles, was Dir begegnet, zustößt, geschieht, ist nichts als die Antwort auf Deinen Innenzustand*, auf die innere Bereitschaft, die Du deinerseits den Dingen entgegenträgst. „Gutes" wie „Böses" wird nicht von einer äußeren, launischen Macht nach Willkür über Dich verhängt. ***Du selber, Dein höheres Ich, schickt es Dir zu, um an ihm, an seinem Kommen zu lernen.*** Menschen und Dinge sind solchermaßen Träger verhüllter Botschaften, die Du zu verstehen hast, um ihres Segens teilhaftig zu werden. Die Person als solche ist nichts; das, was sie Dir zu sagen hat, alles. Sobald Du dies begriffen, zu Deinem inneren Eigentum gemacht hast, wird sie aus Deinem Leben zurückgezogen und verschwindet. Alles, was Du „erlebst", ist Ausfluß Deines inneren Reifezustandes. Auch Unreife gehört zu jener oben erwähnten „inneren Bereitschaft"; sie schreit nach der Schickung, um zu der Erkenntnis zu kommen. Sobald Du Dich änderst, sobald Deine Einstellung eine andere wird, bekommt auch Deine Umwelt ein anderes Gesicht. Du rufst dann unbewußt andere Dinge, und sie müssen Dir über den Weg laufen.

Die Verzinsung der Gedanken

ist eine der wesentlichsten Tatsachen, über welche Du unterrichtet sein mußt. Gedanken, die Du aussendest, sind Kraftkapital, das Du anlegst. Sie sind *geprägte Form*, die lebend sich entwickelt. Sie sind Organismen, denen Du durch die Entsendung Selbständigkeit verleihst, auf daß sie im Reiche der Ursachen für oder gegen Dich wirken. Da sie elektromagnetische Kraftsysteme sind, ziehen sie gleiche Elemente umso stärker an, mit je mehr Gedankenenergie sie ausgerüstet sind, um schließlich, nachdem sie ihr Werk getan, – dem australischen Bumerang gleich – mit Segen oder mit Verderben beladen zu Dir zurückzukehren. Diese Rückkehr geschieht in bestimmten zahlenmäßigen Abständen, bei denen die 1-Jahr-Periodik, die 7-Jahr-Periodik und ihr Vielfaches eine besondere Rolle spielen.

Denke also immer wieder darüber nach, wodurch, durch welche Gedanken, Absichten oder Taten Du Dir Dinge, die Du jetzt erlebst, einst selber gesandt, „gespiegelt", womit Du sie sozusagen über Dich verhängt hast.

Analysiere Menschen und Dinge, die Dir begegnen, im Hinblick auf die Frage: Wieso spiegeln sie mich selber? Erkenne also Dich selber in den anderen, und zwar von einem höheren Gesichtspunkte.

Diese eigenartige Spiegelung beginnt bereits in Deiner unmittelbaren Nähe, bei Dingen und Personen Deiner nächsten Umgebung. Frage Dich angesichts Deiner Frau, Deiner Freunde, Bekannten usw. wieso und warum gerade sie Dir in den Weg kamen. Erkenne die Führung Deines äußeren Lebens durch Dein eigenes höheres Innenleben!

Achte und beachte auch das Geringste, glaube nicht, daß es in der Welt „geringfügige", bedeutungslose Dinge gibt. **Alles ist Werkzeug, alles ist Gleichnis.**

Bei dieser Analyse der Dinge und Geschehnisse ziehe auch – und zwar sehr wesentlich – die Dir inzwischen vertraut gewordene Traumsymbolik heran; sie wird Dir die wichtigsten Aufschlüsse geben. Ja, ohne sie wirst Du zu einer wirklich gründlichen Erfassung des hier Gewollten überhaupt nicht gelangen können. Hier sind Schlüssel verborgen, deren gewandte Benutzung Dir zur Gewohnheit werden muß. Als äußeres Zeichen, wie durchaus und vollständig Du die große Einheit auch im Kleinsten, Alltäglichsten erkennst, mache zumindest ein paar Wochen lang die Übung:

Hilf Dir selbst!
Das heißt: tu alle grobe Arbeit, die zu Deiner persönlichen Bedienung gehört, selbst. Mache Dein Bett, reinige und lüfte Dein Schlafzimmer, säubere sämtliches Geschirr, das Du beschmutzt hast. Fege, klopfe, staube ab. Soweit es Deine sonstigen (Berufs-) Pflichten erlauben, hilf mit bei der Vorbereitung der Mahlzeiten, schäle Kartoffeln, putze Gemüse, kaufe ein. Ferner: decke den Tisch, räume ihn wieder ab, beteilige Dich beim Abwaschen des Geschirrs. Alles das selbstverständlich im Rahmen des für Deine persönlichen Verhältnisse möglichen.

Ausführliche Erläuterungen, Erklärungen dieses Tuns brauchst Du Deiner Umgebung nicht zu geben. Beschränke Dich auf allgemeine Andeutungen. Es lassen sich Worte finden, die – ohne der Wahrheit zu widersprechen – den tieferen Sinn Deines Tuns dennoch verhüllen. Das Wesentliche an dieser Übung sind aber nicht die mechanischen Handgriffe, das Äußerliche, sondern die Art, wie Du sie tust.

Das hat mit freudigem Sinn und heiterem bereitwilligem Herzen zu geschehen. Unbedingt so und nicht anders. Übe also besonders scharfe **Gedankenkontrolle**. Laß kein Gefühl des Überdrusses, der Langeweile, der absprechenden Kritik hochkommen. Halte vielmehr immer den Gedanken fest: alle sichtbaren Dinge, mit denen Du hier in Berührung kommst, sind der Leib Gottes, seine sinnliche Offenbarung, sein äußeres Kleid. Liebst Du Gott, so mußt Du auch alle diese Dinge lieben, den Schöpfer durch das Geschaffene! Erfülle Dein Herz mit diesem Gefühl einer – sozusagen – geheiligten Liebe; einer Liebe, die nicht dem Ding als solchem gilt, sondern der unendlichen dahinter stehenden Macht und Weltkraft, **einer Liebe, die über den Dingen steht**.

Als Beweis, daß Du diesen Standpunkt voll und ganz erlangt, daß Du die niedere Bindung durch die höhere ersetzt hast, mache auf dieser Stufe mindestens einmal:

Die Entäußerungsübung

Trenne Dich von irgend einem Gegenstand, der Dir auf früheren Entwicklungsstufen besonders lieb und wert gewesen, Geld oder Geldeswert, Kostbarkeiten, wie Juwelen, Kunstwerke und dergleichen. Opfere den betreffenden Gegenstand irgend einem guten z. B. wohltätigen Zwecke. Tue es gerne und unter absolutem inneren Verzicht. Denke immer daran, daß das Wort „alle Dinge sind euer!" auch für Dich gilt. Wem alles zu eigen ist, wie könnte der sich an das Einzelne untrennbar gebunden fühlen!

Wenn Du dieses Opfer also darbringst, so tue es in der Stille, möglichst unbemerkt. Der „aufzeichnende Engel", dem nichts verborgen ist, sieht in Deine geheimste Kammer. Er sieht die Reinheit Deines Wollens. Er ist – wie in allem – so auch in Dir. Denke an Schillers Wort:

„Nicht an die Güter hänge Dein Herz,
Die das Leben vergänglich zieren!
Wer besitzt, der lerne verlieren,
Wer im Glück ist, lerne den Schmerz!"

Lerne verlieren, lerne den Schmerz! Es wird Dir tausendfach vergolten im inneren Reich...

Selbstverständlich kannst Du obiges Opfer auch einem anderen Menschen darbringen oder zugute kommen lassen, der seiner vielleicht sehr bedarf. Der andere – das bist letzten Endes Du selbst. Dir selber schenkst Du, was Du dahingibst. Du verlierst es im höheren Sinne nicht einmal. **Es bleibt im Ringe der großen Einheit**, die Dich und ihn umschließt. Ob jener andere – ebenso gut wie Du – von diesen Geheimnissen des Geistes unterrichtet ist, tut nichts zur Sache. Auf Deine Handlung kommt es an und auf die Art, wie sie vor sich geht.

Bei der höheren Spiegelübung, die diese ganze Stufe als roter Faden durchzieht, richte Dein besonderes Augenmerk immer wieder auf:

Die Geheimnisse des Namens

Du wurdest schon darauf hingeleitet, daß der Name, den ein Ding trägt, keinesfalls „Zufall", sondern auf eigenartigste Weise mit seinem inneren Wesen verknüpft ist. An den Vokalen und vielen Tätigkeitsworten hast Du diese innere Beziehung Dir genügend verdeutlichen können.

Nun lerne sie auch auf die Menschen anzuwenden. Wisse, daß der Name, der einem Menschen gegeben wird, alles andere als gleichgültig und bedeutungslos für seine Weiterentwicklung ist.

Es ist gewissermaßen das Siegel, das auf ihn sogleich nach seiner Geburt gedrückt wird. Es ist formbildende Kraft, die maßgebend in sein weiteres Wesen hineinwirkt. Name ist Schicksal!

Als Vorübung suche die Namen gewisser Dinge wie „Baum", „Seele", „Abgrund", oder gewisse Begriffe wie „Liebe", „Haß", „Gnade", „Allmacht" **von innen heraus zu verstehen**. Benutze die hundertfachen Gelegenheiten, die jeder Tag Dir bietet, solchen Erwägungen nachzugehen. Namentlich solche Worte, die aus irgend einem Grunde im Laufe des einen oder anderen Tages einen besonders tiefen Eindruck auf Dich machen, suche innerlich analytisch zu erfassen; suche die in ihnen wirkenden Kräfte zu begreifen, verstehe sie selbst als Kräfte. Sodann gehe zu den Namen der Menschen über, mit denen Du irgendwie zu tun hast.

Namenmagie

Halte Dir immer wieder vor Augen, daß der Name des Menschen eine Prägung ist, die ihm nur scheinbar willkürlich bald nach der Geburt verliehen, aufgedrückt worden ist. Auch das Suchen und Finden des rechten Namens durch die Eltern geht nach festen inneren Gesetzen vor sich. Der Wille der Eltern ist dabei keineswegs so frei, wie sie selber gewöhnlich annehmen. Immerhin sollen sie sich stets bewußt bleiben, daß sie mit diesem Rechte (d. h. dem der Namengebung) eine schicksalbestimmende Macht ausüben, deren Verantwortlichkeit gar nicht gering ist. Wohl sind sie nur die Mittler des höheren Willens, doch ist auch der Mittler verpflichtet, nach bestem Wissen und Gewissen zu handeln, wenn er nicht seine Pflicht verletzen will.

Ein rechter Name ist wie ein gutsitzendes Kleid, das dem Träger umso besser paßt und wohl ansteht, je länger er es trägt. Der Mensch wächst sozusagen in seinen Namen hinein, und wohl ihm, wenn er den tiefen Sinn desselben erfaßt und sich zu eigen gemacht hat.

Es hatte seine tiefe Bedeutung, wenn in alten Zeiten der Sieger, der einen starken Feind überwunden, mit dessen Waffen auch seinen Namen annahm. Es ist sachlich durchaus bedeutsam, wenn der letzte Sproß aussterbender Familien seinen Namen, um ihn zu erhalten, auf ein Adoptivkind überträgt. Er erhält damit mehr, als nur den Namen. In Nordamerika besteht vielfach die Sitte, in die Zahl der Vornamen den Namen eines anerkannt Großen wie Washington, Goethe usw. aufzunehmen. Das Kind erhält dadurch eine Entwicklungstendenz, die ihm sonst fehlen würde. Die bei uns eingewanderten Juden lieben es ganz auffallend, ihren Kindern urgermanische Namen zu geben wie Siegfried, Sigurd, Sigrid usw. Das ist durchaus nicht, wie vielfach angenommen wird, leere Spielerei, sondern es ist bewußte Heranziehung geheimer, d. h. den meisten nicht bekannter, Namenskräfte für ihre Assimilations- oder Eroberungszwecke. So ist es kein Zufall, daß sie gerade solche arischen Namen bevorzugen, welche die glückverheißende Silbe „Sieg" in sich enthalten.

Name ist nicht „Schall und Rauch", wenn man ihn in diesem Sinne versteht und seine tiefe Verwurzelung mit dem Kerne des menschlichen Wesens berücksichtigt. Es ist darum auch durchaus sinnvoll, wenn Menschen, die eine besondere seelische Schulung durchmachen, an einem gewissen Punkte ihrer Entwicklung einen neuen, besonderen Namen annehmen, der ihr künftiges Wirken besonders treffend kennzeichnen soll und für den Gebrauch im inneren Kreise gleich entwickelter Brüder bestimmt ist. Auch Du, mein Schüler und Freund, sollst einen solchen Namen am – vorläufigen – Ende Deiner Schulung annehmen. Stelle jetzt schon Überlegungen an, wie Du nach Erledigung der nächsten, also 7. Stufe Dich genannt wissen willst.

Nachdem Du alles dies durchdacht, lenke – wie schon gesagt – Deine Aufmerksamkeit auf die Namen der zu Dir in Beziehung stehenden Menschen. Betrachte sie erst äußerlich, dann innerlich. Welcherlei Symbole treten mit ihnen in Deinen Gesichtskreis? Besondere Menschengruppen? Tiere? Bestimmte Wiederholungen, Befehle, Warnungen? Warum gerade diese Symbole? Was wollen oder sollen sie Dir sagen?

Der Makrokosmos hat Dir etwas zu sagen, ja, er spricht zu Dir auf diese Weise sogar besonders eindringlich, sonst – sei sicher – würde er Dir nicht gerade diese oder jene „Namen" in den Weg schicken.

Eine gute Übung ist es auch, die gemeinsamen Züge der sämtlichen Träger des einen oder des anderen Namens, die Du kennst, herauszufinden. Prüfe z. B. alle „Heinriche", alle „Maxe", alle „George" usw. auf ihre Gemeinsamkeiten. Sei überzeugt, solche sind vorhanden. Das gleiche Siegel bedingt auch gleiche Entwicklungstendenzen. Schärfe Deinen psychologischen Blick, so findest Du sie. Jene Gemeinsamkeiten sind häufig nicht etwa nur innerer, wie charakterologischer Art, sondern kommen auch äußerlich, im Gebaren, in Gesichtsbildung und Haltung der Betreffenden deutlich zum Ausdruck.

Vollkommene und unvollkommene Namen

Prüfe ferner die einzelnen Namen hinsichtlich ihrer mehr oder weniger großen Vollkommenheit. Sie ist wesentlich abhängig von den Vokalen. Ein wirklich vollkommener Name soll sämtliche 5 Vokale enthalten, wenn auch auf beide Namensteile – Vor- und Familiennamen – verteilt. Je mehr ein Name diesem Ideale entspricht, umso vollkommener ist er. Solche Namen sind im ganzen selten. Ihre Träger haben die größte Anwartschaft, von sich allein aus, d. h. ohne wesentliche Mitwirkung anderer, zu einem hohen Grade innerer Vollendung aufzusteigen. Du wirst bei ihnen in der Regel einen hohen Grad seelischer Harmonie, inneren in sich selbst ruhenden Glückes oder doch den Ansatz, die Anlage dazu finden.

Je weiter ein Name dagegen von dieser Fünfheit entfernt ist, je zahlreicher die Vokale sind, deren er ermangelt, desto mehr bedarf er zu seiner Entwicklung der Mitwirkung anderer, der Ergänzung durch andere. Und der Segen des Zusammenwirkens hängt wiederum von dem Grade dieser gegenseitigen Namenergänzung ab. Wer etwa nur die Vokale e und i besitzt, dem müssen – zu seiner Ergänzung – die Vokale a, o und u zugeführt werden. Gelangt er nicht dazu, sondern empfängt etwa nur a oder o oder u, oder vielleicht nur zwei von diesen, so wird die Ergänzung nicht vollkommen sein; er wird nicht oder nur schwer zur Vollendung kommen.

Hier ruht ein großes Gesetz. Prüfe es, indem Du diese Fragestellung auf Deine Ehe, auf Deine Freundschaften und Verwandtschaften, sowie auf Deine weiteren Beziehungen, etwa die geschäftlichen, zur Anwendung bringst. Du wirst dabei die seltsamsten und überraschensten Entdeckungen machen. Laß Dich nicht durch das „Wunderliche" und „Ungewohnte" des Verfahrens abschrecken.

Die meisten tieferen Wahrheiten sind den Menschen im Anfang „wunderlich" vorgekommen. Du kannst auf diese Art ohne viel Schwierigkeiten unerwartet treffende Einblicke in Glück oder Unglück der Ehen, in Harmonie oder Disharmonie unter Freunden erlangen. Du kannst berufliche oder Mitarbeiterbeziehungen von einem neuen, nie täuschenden Standpunkte aus werten. Zuweilen, wirst Du sehen, fügt es sich so, daß in einer Ehe ein etwa fehlender Vokal durch das Kind zugebracht, d. h. von den Eltern unbewußt als Notwendigkeit empfunden – dem Namen des Kindes eingefügt wird, wie denn ja das

Kind oft eine Ehe zusammenhält oder neu kittet, die vordem im Begriffe war, auseinanderzubrechen.

Aber auch das Umgekehrte wirst Du finden: Bringt eine Frau dem Manne die gleichen Vokale zu, die er bereits im Namen besitzt, so wird die Ehe nur selten gut sein. Gleiche Pole stoßen sich ab. Und dasselbe gilt für sämtliche anderen näheren Beziehungen der Menschen untereinander. Beobachte daraufhin die Bedingungen beruflicher, politischer, und sonstiger Zusammenarbeit. Beurteile auch die gegenseitigen Beziehungen der Staaten. Vielleicht gelangst Du zu der Erkenntnis, daß z. B. Europa eine unzerreißbare Einheit ist, die nicht ungestraft verletzt werden darf. Vielleicht geht Dir auf, daß es ein unter das Zeichen des Kreuzes gestellter Organismus ist, in dem Deutschland (sprich Doitschland) ein unentbehrliches Glied bildet.

Also nochmals: jeder Mensch ist eine besondere Verkörperung des himmlischen „Wortes" und kann sich selbst auf den Grund kommen, sich seiner bewußt werden, indem er sich in sich selber versenkt und die tausendfachen Bilder der äußeren Welt als das durchschaut, was sie sind und sein wollen: Spiegelungen, Reflexe innerer Zustände und Vorgänge. Eine Bilderwelt, die Dir entgegengehalten, gegenübergestellt wird, einzig und allein, damit Du zur Erkenntnis kommst, zur Erkenntnis Deiner selbst. „Das Universum existiert nur um der Seele willen", sagt ein altindisches Wort, das nur richtig verstanden werden muß.

Vom Schicksal der Gestorbenen

Sobald Du zu der Dir in der augenblicklichen Verkörperung erreichbaren Höchststufe von Erkenntnis gelangt bist, versinkt die ganze Schein-Umwelt um Dich her, der Zustrom der Bilder vermittelst der Sinne stockt, der täuschende Tag ringsum erlischt und Du bist mit der Quintessenz Deines Lebens allein gelassen. Hast Du die Phantasmagorie der äußeren Gestaltenfülle für echt genommen, im Schein das Sein nicht erkannt, im Sinnbild nur das Bild, aber nicht den Sinn gefunden, so bist Du nicht reif für das große Erwachen, das am Ende der menschenmöglichen Entwicklung steht. Du bleibst ein – mehr oder weniger gehorsamer – Schüler, der von neuem durch dieselbe Klasse geschickt wird, bis er „begriffen" hat. Bilder sind es, die ihm folgen, ihn ängstigen oder beglücken, je nachdem, welche Saaten er säte. Bilder sind es, mit denen sich seine – unerwachte – Seele umgibt, bis der Zeitpunkt ihrer neuen Einkörperung gekommen ist.

Nur wenn Du schon hier, also während des physischen Lebens, aus dem täuschungsvollen Traume erwacht bist, den man „die Welt" nennt, wird Dich – je länger Du verweilst, um so mehr – die große Spiegelung verlassen, und Du lernst mit immer größerer Klarheit schauen von Angesicht zu Angesicht. Der Augenblick des Sterbens ist Dir dann nur der leichte Übergang aus einer getrübten Sphäre in das Reich vollendeter Harmonie; gleichwie alle Stürme des Meeres nur die oberflächlichen Wasserschichten aufwühlen, doch niemals in die selig ruhende Tiefe reichen. Wer diese Tiefe in sich entwickelte, wessen Bewußtsein in diese Tiefen hinabstieg (oder hinauf), der entwuchs allem Leid und aller Vergänglichkeit; er ward reiner Geist und ging ein in das Reich der Fülle: **dieweil er das All und das All in ihm ist...**

Gib Dir, mein Freund, Rechenschaft, wie weit Du Dich diesem erhabenen Ziele genähert hast. Bist Du mit Deinem „Schicksal" ausgesöhnt, restlos und ehrlich? Hast Du seinen „Sinn" erkannt? Wie weit hast DU in Dir den „Ewigen Menschen" entwickelt, dessen Sitz nie und nimmer der klügelnde Verstand ist, sondern die Tiefe des Herzens?

Die Herz-Gottes-Andacht

Von welcher Bedeutung Dein astrales Herzzentrum für Deine dauernde Verknüpfung mit dem „äußeren" Geiste ist, hast Du bereits früher gesehen. Nun mußt Du wissen, daß dieser „äußere" Geist sich auch noch andere Zentren geschaffen hat, in denen er sich sinnbildlich spiegelt; Zentren, viel tausendmal gewaltiger als Dein kleines menschliches Herz. Vor allem, als uns am nächsten, die Sonne! Wie der Takt Deines Herzens die Lebensströme durch Deine Glieder treibt und den physischen Offenbarungsprozeß im Gange hält, so ist auch die Sonne ein kosmischer Konzentrationspunkt, dessen Wille unerhörte elektrische Kraftströme durch die Planetenräume jagt. **Die Sonne ist das Herz eines himmlischen Körpers**, das genau so seinen Takt und Rhythmus hat wie das Deine; eines Körpers, dem die Planeten mit all ihren Kleinlebewesen gerade so eingegliedert sind wie Dir die Glieder Deines Körpers, und – noch einmal sei es gesagt – Dein Herz ist der Umschlags- oder Angelpunkt, durch dessen Vermittlung jenes himmlische Zentrum Dich fortlaufend „lebendig" hält. Ist es „untergegangen" – des Nachts – so sinkst Du in Schlaf und trittst unter die Herrschaft des Mondes und anderer Gestirnskräfte, die am Tage durch den überragenden Sonneneinfluß übertönt waren.

Alles dies gilt freilich nur für Deinen sterblichen physischen Leib. Ist seine Zeit herum, ist das in ihm eingebaute Uhrwerk abgelaufen, so zerfällt er und hilft neue Organismen aufbauen. Du aber hast begonnen, Dir einen unsterblichen Körper zu bauen, für den die Sonne nicht untergeht. Du hast das höhere Bewußtsein in Dir entzündet, dem auch die Nacht nichts anzuhaben vermag. Du strebst auf jene innere, allgegenwärtige, kosmische Sonne zu, **die hinter und über allen physischen Sonnen leuchtet**; jene „Sonne", für welche die Sonne unseres Himmels nicht mehr ist als ein Symbol.

Aber auch Symbole – Du weißt es – haben ihren tiefen Sinn. Sie sollen uns die Leuchtfeuer sein ferner Heimatgestade. Wir sollen uns an ihnen zurückfinden in das geistige Reich, dem wir durch den „Fall in die Materie" so arg entfremdet wurden. So sei Dir denn die Sonne ein Abbild, Sinnbild des heiligen Herzens Gottes, das sich Tag für Tag zum Opfer darbringt, damit wir leben können, das Ströme von Feuer über die Welten streut, damit unsere Saaten reifen und unsere Herzen weiter schlagen, bis auch sie zur großen Ernte von uns gefordert werden.

Und noch einen anderen Sinn haben die großen und hohen Symbole des Kosmos. Indem wir uns mit ihnen geistig verbinden, sie – wie man sagt – verehren, ehren wir die hohen Himmelskräfte in uns selber, sie, die uns aufgebaut, die sich zu unserer Gestaltung und In-Kraft-Haltung vereinigt haben. Ja, mehr noch als dies: wir ziehen dadurch die von ihnen repräsentierten Kräfte zu uns herab, veranlassen sie, sich mit uns in erhöhtem Maße zu vereinen. Der alte Satz „Wie unten, so oben; wie oben, so unten!" erfährt hier seine praktische Auswirkung und Anwendung. Der Gedanke, den wir in jene geistigen Regionen lenken, ist das Kabel, das uns unzerreißbar mit den hohen Kräften verknüpft und ihre weckenden, läuternden, erhebenden Ströme zu uns herabzwingt.

Ausführung: Stelle Dich der aufgehenden Sonne gegenüber und nimm nacheinander vor:

Anrufung, Sonnenatmung und Meditation

Die Anrufung: Nachdem Du Dich gesammelt, breite die Arme seitlich aus, wobei Du Dir vorstellen magst, daß Du mit dieser Gebärde die weltumfassende Haltung der Sonne nachahmst. Dann sprich langsam und inbrünstig Worte wie diese:
„Heißes Herz Gottes, entzünde Mich,
Heißes Feuer Gottes, finde Mich,
Wie du aufgehst über die Welten,
So gehe auf in mir!"
„Heile mich, du Heiland, von dem, was sterblich ist,
Halte Mich, du Heiliger, in deinem Licht,
Leuchte, du ewige Liebe, in mein Herz!"

Es folge in gleicher Haltung, jedoch – wenn Du den Drang dazu fühlst – mit geschlossenen Augen:

Die Sonnenatmung

Stelle Dich so, daß Dir die Sonne in gerader Linie ins Gesicht scheint, möglichst unmittelbar in den Mund, der leicht geöffnet sei. Atme in langen, langsamen Zügen die Sonnenkraft in Dich ein. Stelle Dir dabei mit größter Lebendigkeit vor, daß Du Dich nun **mit der erhabenen Sonnenseele verbindest**, diese Seele zu Dir herab und in Dich herein ziehst. Laß diese Vorstellung ganz plastisch, sozusagen greifbar werden. Begreife ganz: die Sonnenkraft wird zu einem Teil Deiner selbst, die Sonnenseele strömt durch die Atemwege in Dein Herzzentrum, weckt es, durchglüht es ganz und verteilt sich von da durch den ganzen Körper. Fühle das Rieseln, das Strömen bis in die Fingerspitzen; jede, auch die kleinste Zelle Deines Körpers nimmt an dieser Durchflutung teil. Du wirst ganz bestimmte, eigenartige und beseligende Empfindungen kennen lernen. Es ist gleichsam ein elektrischer Induktionsstrom, der auf diese Art in Dir erweckt wird. Ja, weit mehr als dies: es sind geistige Kräfte, die durch diese Kontaktübung in Dir aufspringen. Du mußt dies alles innerlich erfassen erlernen, wenn es zu voller Wirksamkeit gelangen soll.

Bist Du vorgeschritten und sozusagen einexerziert, so bedarfst Du des sichtbaren Sonnenbildes gar nicht mehr, um zum Ziele zu gelangen. Bedenke, daß jegliches Tageslicht, und sei es noch so zerstreut, der Sonne entstammt, mag sie Dir nun gerade vor Augen stehen oder nicht. Schließlich geh über zu der:

Sonnenmeditation

Nimm die Dir gewohnte Meditationshaltung ein. Führe sachgemäß die Konzentration herbei, wobei Du – nur zur vollkommeneren Herbeiführung des gewünschten Zustandes – die Ohren mit Watte verstopfen kannst, und versenke Dich in die Vorstellung „Herz-Sonne in mir" oder „Sonnen-Herz in mir!"

Erzeuge folgendes Bild in Dir: und zwar das eines in der Herzgegend liegenden Sonnenzentrums, um das die Kräfte Deines Organismus kreisen. Sieh dieses Zentrum als Rad, als flammendes Hakenkreuz, das sich in stetiger, rotierender Bewegung befindet und mit dem außer Dir befindlichen Sonnenzentrum durch ein feines Band – gleich einer Nabelschnur – dauernd verbunden ist.

Meditiere über das Wort „**Herz der Welt**". Erlebe sodann, wie Dein Bewußtsein sich mehr und mehr aus dem engen in das weite Ich verlegt, wie die Grenzen Deines Wesens sich kosmisch erweitern und Du endlich die Himmelssonne in Dir schlagen und pulsieren fühlst.

Die Übung wird Dir an verschiedenen Tagen verschieden gut gelingen. Je nach dem Grade Deiner Konzentrationsfähigkeit wirst Du früher oder später erstmalig ans Ziel kommen. Doch ist die Übung unbedingt an den Vormittag gebunden, nachmittags darf sie nicht vorgenommen werden. Umgehen kannst Du sie nicht. Bedenke immer: soll Dir die Sonne niemals untergehen, so mußt Du sie in Dir selber entzünden. Dies ist Gleichnis und mehr als ein Gleichnis.

Vom geistigen Wandern

Fessellos strahlt das Licht durch die unendlichen, d. h. durch die Deinem irdischen Blicke unendlich scheinenden Räume; und je mehr Du selber zum Lichte wirst, um so mehr erkennst Du, daß der Raum nicht ist, was er Dir so lange geschienen hat, sondern auch er nur ein Symbol eines Dahinterstehenden, das es zu erfassen gilt. Umso mehr wirst Du inne, daß die Grenzen des Raumes für Dich nicht gelten, sobald Du sie nicht anerkennst; daß sie praktisch verschwinden, wenn Du es willst. Wer Licht ward, wer sich den Lichtkörper schuf, dem stehen alle Königreiche des himmlischen Vaters offen, und er kann sie durchwandern nach seinem Belieben, mögen diese Königreiche nun „räumlich" oder gedanklich sein, auch das „Denken" ist ja ein Schaffen in Raumformen.

Nimm also Deine Übungen im geistigen Wandern wieder auf. Gebrauche die geschilderte Technik (Brief 5) und geh Schritt um Schritt vorwärts. Nach Herstellung des Konzentrationszustandes übe die – rein auf das Ziel eingestellte – Imagination und lasse das Vakuum des schweigenden Wartens folgen. Wähle als Gegenstand Deiner Übung Menschen und Dinge aus Deiner näheren, dann weiteren Umgebung, aus Deinem Berufs- oder Bekanntschaftskreise, aus derselben Stadt, aus fremden Orten. Eine bildliche Darstellung, etwa ein Lichtbild usw. des Betreffenden, kann Dir bei diesem Vorhaben vortreffliche Dienste leisten. Stelle es bei Beginn des Versuches vor Dir auf oder bringe es mit Deiner Herzgrube in Kontakt. Ein kleiner Gegenstand, den der Betreffende an sich getragen hat, tut es auch. Doch bist Du von alledem keineswegs abhängig.

Der beste Zeitpunkt für solche Versuche ist die Zeit nach Sonnenuntergang. Vor allem die Stunden um Mitternacht herum.

Die Fragen, die Du in Bezug auf jenen anderen stellen willst, stelle präzise und genau, so daß kein Zweifel über den Sinn der Frage entstehen kann.

Handelt es sich nicht um einen Menschen, auf den Du Dich konzentrieren willst, sondern um eine mehr allgemeine Angelegenheit, die nicht mit diesem oder jenem speziell in Verbindung steht, so tust Du gut, Dir die zu stellende Frage in großen feurigen Lettern auf tiefschwarzem, sammetartigen Grunde vorzustellen.

Hüte Dich vor überflüssigen Fragen. Hüte Dich vor jeglichem schädlichen Gedanken, den Du bei solcher Gelegenheit anderen zusenden könntest. Bedenke, daß die Konzentration allem, was Du denkst, eine außerordentlich gesteigerte Wirkungskraft verleiht. Du übernimmst, sobald Du in den gesteigerten Zustand eintrittst, eine sehr große Verantwortung. Mit dem ersten schädlichen Gedanken, den Du passieren läßt, trittst Du aus der Bruderkette und ziehst die unbarmherzige Vergeltung des „aufzeichnenden Engels" auf Dich. Solltest Du Dich also noch nicht stark genug fühlen, hiernach zu handeln, so unterlasse diese Übungen weiterhin ganz.

In jedem Falle tust Du gut, sie mit einer einleitenden Konzentration auf die Worte: „Mein Herz ist voll Liebe zu allen Menschen!" zu eröffnen.

Die kosmische Frage

Sobald Du bis zu einem gewissen Grade in die Praxis dieses Verfahrens eingedrungen bist, wirst Du die Beobachtung machen, daß die Herbeiführung der Konzentration für Dich gar nicht mehr einer so umständlichen Vorbereitung bedarf wie anfangs. Du vermagst sie schließlich nach Wunsch, selbst inmitten vieler Menschen, etwa in einem lauten Lokal usw. herbeizuführen. Der Vater „hört" den Sohn, wo es auch sein mag, und gibt ihm die Antwort, die sein Herz verlangt. Er spricht zu allen Menschen und antwortet auf ihre tausendfältigen bangen, bitteren oder demütigen Fragen, – aber die meisten von ihnen haben nicht gelernt, auf seine Worte zu achten und seine Sprache zu verstehen. Wissen sie doch meistens nicht einmal, „wer" und „was" sie selber eigentlich sind. Ihr königliches Erstgeburtsrecht – sie gaben es hin für das Linsengericht einer sogenannten „Aufklärung".

Bist Du nun zu jener Erfahrung vorgedrungen, d. h. weiter entwickelt, so bist Du in der Lage, jederzeit – ohne Vorbereitung – mit Deinem höheren Selbst zu verkehren und zu sprechen. Bedarfst Du in ernsten Dingen einer Antwort, so frage ohne Scheu! Frage in dem stolz-sicheren Gefühle, daß Dir eine entsprechende Antwort gebührt. Mache Dein höchstes Geburtsrecht geltend und warte; sei gewiß, daß Du Deine Antwort erhältst. Sie kommt zu Dir in Gestalt eines Symbols, eines Menschen, eines Tieres, einer Situation, einer Redensart, einer blitzartigen inneren Erleuchtung usw. und ist stets ganz eindeutig und leicht verständlich – immer vorausgesetzt, daß Du Dich auf die Ausdrucksweise dieser kosmischen Sprache einigermaßen eingestellt hast.

Du wirst nie fehlen, nie in die Irre gehen, wenn Du Dein ganzes äußeres Leben unter Leitung des solcherart zu Dir sprechenden höheren Willens stellst, der kein anderer ist, als (recht verstanden) Dein eigener.

Der Glaube als Willenspotenz

Die geistige Mechanik dieses Frage- und Antwortspieles arbeitet nun aber umso prompter und leichter, je inniger Du von ihrer steten Bereitschaft überzeugt und durchdrungen bist. Zwar wird die Antwort, die Du erhältst, oft genug eine ganz andere sein, als Du erwartet hattest; aber erfolgen wird sie, auch da, wo nicht an sie geglaubt wird; erfolgen wird sie mit der Unfehlbarkeit eines göttlichen Naturgesetzes. Der Glaube ist die höchste und feinste Form des menschlichen Willens, er ebnet dem Einstrom der kosmischen Antwortkräfte sozusagen die Bahnen. Wer an das Rechte und Gute glaubt, der will es in seinem tiefsten Inneren. Wer nicht daran glaubt, der will es im Grunde nicht, mag er sich auch vielleicht mit allerlei Sophismen über die eigentlichen Motive seines Unglaubens hinwegtäuschen. Viele Menschen von heute glauben nicht mehr an sich – wenigstens nicht in dem Sinne, wie hier angedeutet – weil sie SICH noch nicht gefunden haben. Oder sie unterlagen der Blendung durch jene Zerstörungsmächte, die den suchenden Massen so lange vorredeten und durch eine öde Oberflächenwissenschaft bewiesen, daß der Mensch „nur ein Tier" sei, also auch keine darüber hinaus reichenden Bedürfnisse hegen und befriedigen brauche, bis sie es endlich glaubten und damit zum leicht lenkbaren Gegenstand einer eigennützigen Politik wurden.

Nur der erwachte Mensch, d. h. nur der Mensch, der sich als Verkörperung des HIMMLISCHEN Wortes begriffen hat, ist eines wirklichen Glaubens im hohen und heiligen Sinne überhaupt fähig. **Niemand kann das Licht sehen, der es nicht in sich selbst entwickelt hat.** Und niemand kann es ahnen, der nicht berufen ist. In den Zeitläufen aber, in denen wir heute leben, sind viele berufen....

Die Pilgerfahrt

Das hohe schaffende Licht, das zu sichtbaren Formen erstarrt ist, tritt seine Pilgerreise an ums Erdenrund, um in einer Kette von Träumen, „Leben" genannt, individuelle Erfahrungen zu sammeln und individuelle Aufgaben zu erfüllen. Sobald der Träumer erwacht und den Trug durchschaut, beginnt er seinen **Rücklauf zu Gott**. Von diesem Augenblicke an wird ihm alle „Form" zum Schein, der ihn nicht mehr fesseln kann. Und wie die Sonne wandert und leuchtet über „Gute" und „Böse", so wandere auch Du, mein Freund, wenn Du zur Erkenntnis gelangt bist, und wechsle, als Symbol Deines unzerstörbaren Selbst – das in allen Formen sich gleich bleibt –, Umgebung und Gewand. Die Pilgerfahrt Deines Lebens wirke sich aus in einem sichtbaren Gleichnis.

Ausführung: Zieh Deine schlechtesten Kleider an und übernimm eine Tätigkeit, eine Beschäftigung, die von der Deinen möglichst verschieden ist. Bist Du z. B. Kopfarbeiter, Büromensch und dergleichen, so laß Dich von einem Bekannten am selben Orte oder außerhalb zur Gartenarbeit, zum Holzhacken, kurz: zu irgendeiner sogenannten groben Arbeit anstellen, von der Du vielleicht früher anzunehmen pflegtest, daß sie Dir „nicht liegt". Wenn nicht anders möglich, so benutze dazu die Zeit oder einen Teil Deines Urlaubs, Deiner Ferien; sonst Deine Freizeit, soweit sie nicht unbedingt anderen Pflichten gehört.

Wünschenswert ist es, daß Du während dieser Zeitspanne mit Menschen anderer, möglichst fremder Berufskreise in Berührung kommst, sozusagen äußerlich ganz in ihrer Umwelt untergehst. Verschweige also Deine tieferen Beweggründe. Nimm Teil an den Sorgen, Wünschen und Neigungen jener anderen Kreise. Tu es in dem vorbehaltlichen Gedanken: Gott hat auch sie gemacht, daß sie sich auswirken und ausleben, sie sind ebenso vollwertig – als Teile von Gottes Leib – wie Du selber.

Für die engere Ausgestaltung dieser Pilgerfahrt hast Du also freie Hand, Du mußt sie Deinen Umständen anpassen. Handwerk, Landwirtschaft, Fabrikwesen geben zahlreiche Möglichkeiten, die Du leicht ausfindig machen kannst.

Besonders vorteilhaft – für Deine höheren Zwecke – ist es, wenn Du Gelegenheit findest, Dich Deinem „Feinde", Deinem „Neider", Deinem „Konkurrenten" für irgendwelche Dienstleistungen zur Verfügung zu stellen. Eine Pilgerfahrt ist umsomehr „Pilgerfahrt", je mehr Mühe Du auf ihr freiwillig auf Dich nimmst. Sei Dir bei allem bewußt, daß auch Deine geringste Handlung eine mystische Bedeutung hat, die die „Welt" nicht sieht. Laß Du Dir die Augen dafür aufgehen. Das Haus Deines Vaters ist voll der überraschendsten Wunder.

Diese Übung ist solange nicht richtig gemacht, als Du noch den Schatten eines Widerstrebens in Dir spürst. Was in Dir widerstrebt, sei es: dem Ungewohnten, sei es: der Anstrengung, sei es: dem fremden Menschenkreise, ist noch nicht zu Licht umgewandelt, ist noch nicht eingeschmolzen in Lauterkeit und – mit einem alten Ausdruck – „Gottesminne". Erst wenn Du Dich ganz hingegeben hast, wenn Du die quellende Freudigkeit in Dir verspürst, das innere Jauchzen, das mit keinem anderen Gefühl verwechselt werden kann, erst dann ist das Übungsziel wirklich erreicht, und Du kannst auf die nächste Stufe zustreben.

Schließe Deine Tage Feierabends mit dem – allein oder gemeinsam vorgetragenen – Sprechgesang:

Der Kerzen-Psalm.

Ich bin eine Flamme, die ewig leuchtet,
Ich bin ein Hauch, der nie verweht,
Ich bin das Licht, das von Anfang war,
Heilig, heilig, heilig ist mein Name!

Ich bin die Stimme in der großen Stille,
Ich bin die Frage und ich bin die Antwort,
Ich bin der Geist, der ewiglich wird leben.
Heilig, heilig, heilig ist mein Name!

Ich bin die Liebe und das Allerbarmen,
Ich bin der Blitz, der Himmel eint und Erde,
Ich bin der Unbewegte, Unerschaffene.
Heilig, heilig, heilig ist mein Name!

Ausführung: Zu dem Sprechgesang soll eine – möglichst – weiße Kerze entzündet werden. Falls ein Klavier vorhanden, eine Klavierkerze.

Die, im Druck hervorgehobenen, Worte *Ich bin* sind in feierlich getragenem Tone zu singen, und zwar im gleichen Tone wie das A der OM-Praxis (Brief 5). Jedes der beiden Worte muß ganz lang aushallen.

Der Rest eines jeden Verses ist sodann im ruhigen Pathos (nicht übertreiben!) langsam zu sprechen. Gesprochen werden also die Worte: „eine Flamme, die ewig leuchtet", „ein Hauch, der nie verweht" usw. Ebenso die Schlußworte „Heilig, heilig" usw.

Falls Klavier oder ein anderes Instrument vorhanden, so sind die gesungenen Worte durch entsprechende Akkorde zu begleiten, wie z. B. durch Einleitungsakkord der (im Brief 5) beschriebenen OM-Praxis. Auch die letzte Heiligpreisung kann durch passende Akkorde begleitet werden, wie etwa jene am Schluß der genannten Praxis.

<<>>

Siebenter Brief

„Mache Dich auf, werde Licht"

Vom Doppelgesicht des Menschen.
Das Gleichnis der Glieder.
Symbolik von Fuß und Hand.
Die Mystik des weißen Lichtes.
Der siebenarmige Leuchter.
Vom alten und vom neuen Adel.
„Ich bin das A und das O".
Vom Werte des Händefaltens.
Von GOTTES Zweigestalt.
Die Welt als Liebesmysterium. Mann und Weib in Dir.
Die mystische Liebe.
Die hochheilige Drei.
Die Kreuzübung „Das lebendige Wasser".
Was „Weihnachten" will.
Die Macht des Verzichtes.
Die Lehre vom geistigen Vakuum.
Zwei Weltalls-Meditationen.
Die Sternen-Atmung.
Mitternachts-Kommunion.
Nachwort und Aufruf.

<<>>

Vom Doppelgesicht des Menschen

Erkenne, o Mensch, das tiefe Gleichnis Deines Leibes. Da ist kein Glied, kein Teil Deines Körpers, der Dir nicht etwas eigenes, besonderes zu sagen hätte. Ein Grenzwesen bist Du, ein Wesen **zwischen zwei Welten**, und betrachtest Du Dich von diesem Gesichtspunkte, so erkennst Du, daß Du aus zwei Hälften zusammengesetzt bist, die diese Doppelherkunft und Doppelbestimmung klar zum Ausdruck bringen. Ist Dir schon jemals zum Bewußtsein gelangt, daß Du ein oberes und ein unteres Gesicht besitzt? Daß der Mittelschnitt durch Deinen Leib, etwa in Höhe des Nabels, einen Schnitt zwischen zwei Welten bedeutet?

Das untere Gesicht umfaßt alle die Organe und Leibesteile, die sich mit der Absonderung der Abfallstoffe und mit der tierischen Fortpflanzung befassen. Es hat Nase, Mund, Lippen, Wangen, ja, sogar Augen (die Keimdrüsen). Du findest bei aufmerksamer Prüfung überraschend genaue Entsprechungen zwischen oberen und unteren Organen und auch zwischen ihren Betätigungsformen. Diese Entsprechungen gehen so weit, daß betreffs vieler Einzelheiten und individueller Besonderheiten Rückschlüsse vom Unteren auf das Obere erlaubt sind und umgekehrt.

Das untere Gesicht ist Dein Erdgesicht, es ist der Erde, dem unteren Pole zugewandt, und seine Funktionen dienen dem Niederen – der untere Mund sondert Abfallstoffe ab, die nicht mehr Dir, sondern der Erde dienen. Die untere Nase dient dem Geschlechtsreiz, der Deine Person schwächt, aber dem Bestande der Rasse nützt. Die untere Nasenhöhle des Weibes ist Geburtsweg geworden, auf dem die reife Frucht ausgestoßen wird. Die unteren Augen endlich sind blind, solange sie nicht durch den Funken von oben sehend gemacht sind. Das ganze untere Gesicht ist die verzerrte Fratze des oberen, Deines Himmelsgesichtes. Es ist Symbol des Tieres, an das Du leiblich gekettet bist, solange Du lebst. Du bist gleichsam aus zwei Leibern zusammengewachsen, von denen der untere Deine leibliche Herkunft im Bilde zeigt, der obere Deinen geistigen Hingang.

Erst seit der Menschenvorfahr den aufrechten Gang als Dauer gut annahm, ist er ein kosmisches Wesen geworden. Er reckte den Kopf hinauf in die freien Lüfte und sah Himmel und Sterne, und Himmel und Sterne wurden sein. Der Geist des Weltalls überschattete ihn und entzündete ein Licht in seinem Innern, das Herr wurde des tierischen Begleiters und den Begnadeten fähig machte zur Unsterblichkeit. Er fand die Sprache, er fand Gesang und Andacht. Jahrtausende lang schämte er sich des niederen Bruders, mit dem er verkoppelt war, bekämpfte ihn bis aufs Blut und versteckte ihn schamvoll vor dem Lichte des Tages – bis endlich die Stunde herbeigekommen war, wo auch er erlöst werden konnte durch „die Liebe von oben". Erlöst wurde, um zu dienen. Und siehe, heute ist diese Stunde gekommen.

Das Gleichnis der Glieder

Betrachte auch das Gleichnis Deiner Gliedmaßen. Ist das Herz die Sonne Deines Leibes, so sind die Glieder Symbole der sechs planetarischen Hauptkräfte, die Deinen Organismus gebildet, einschließlich des Mondes. Das Ganze die fleischgewordene heilige Siebenzahl, die Dein Leben regiert.

Stelle Dich aufrecht hin, mit gespreizten Beinen und seitlich aufwärts gebreiteten Armen. Verbinde durch gedachte gerade Linien a) die Hände miteinander, sodann die Hände mit dem Geschlechtspol, b) die Füße miteinander, sodann die Füße mit dem Kopfe, so hast Du zwei Dreiecke, die sich gegenseitig durchdringen, das eine mit der Spitze nach unten, das andere mit der Spitze nach oben. Sie beide bilden das schöpferische Sigillum, das man von altersher als „Siegel Salomonis"*) zu bezeichnen pflegt.

Das erste Dreieck strebt hinab zur Erde, das zweite strebt hinauf zum Himmel. Und auch dies ist wieder ein tiefes Gleichnis. Aus „Unten" und „Oben" bist Du geschaffen, aus Streit und Widerstreit, Aktion und Reaktion zweier Kräfte, die sich in Dir sozusagen durchdrangen und durchschnitten. Himmel und Erde haben sich umarmt, um Dich, o Mensch, ins Dasein zu rufen.

*) Mit „Salomon oder Solomon" hat es freilich nichts zu tun; das Wort Sol-om-on ist vielmehr der dreifache, dreisprachige Ausdruck für „Sonne" (lateinisch, indisch, chaldäisch).

Symbolik von Fuß und Hand

Nun geh ins Einzelne. Betrachte Deine Füße: fest an den Boden geklammert, halten sie Dich auf festem Grunde. Die Zehen nach unten zur Erde gerichtet, die Innenhälfte der Sohle von sternig geordneten Linien durchzogen. Du gehst auf Sternen, ohne es zu wissen. Als habe der Kosmos, der sich unter der Erde unermeßlich wölbt, seinen Abglanz auf Dich geworfen, als habe er Dich, der seinem Schoße entsproß, mit seinem Zeichen gesiegelt.

Nun betrachte Deine Hände. So ungelenk Deine Zehen, so fein gegliedert sind die Finger. Zehn Finger hast Du und zehn Planetenkräfte – einschließlich Sonne, Mond und Erde – bestimmen und beeinflussen Dein Leben. Gehören die Zehen, unentwickelt wie sie sind, dem tierischen Partner in Dir an, so sind die Finger in ihrer feinen Gliederung Ausdruck Deines geistigen Teils. Jede Hand stellt alle neun Hauptkräfte unseres Sonnensystems dar, Du selbst tust die zehnte hinzu, die Erdkraft. Ständig fließen die Ströme, die „Influenzen" dieser Kräfte in Dich über, durch Dich hindurch; ständig laden sie Dich mit mannigfach abgestuften elektrischen Energien. Woher kommen Deine „Gedanken"? – an Dir ist es, über sie zu wachen, sie zu ordnen, auf daß der Wille des Allgeistes recht geschehe, der sie Dir gesandt. Bist Du nicht eins geworden mit diesem „Deinem" höheren Willen?

Gedanken sind – Du weißt es – der Innenausdruck elektrischer Stromschwankungen des Weltwillens. Mit diesem Weltwillen eins werden heißt: vom passiven Medium dieser Kräfte zu ihrem aktiven Gebraucher und Beherrscher werden; es heißt: nicht weiter ihr unbewußter Spielball sein, sondern – durch Angleichung an den Weltmeister – selbst zu ihrem Meister werden.

Das Weltall ist außen und innen. Beeinflußt Du es in Deinem Innern, so wirkt Dein Einfluß ganz von selber auch außen, denn alles steht in innigstem Kontakt, in innigster Wechselwirkung. „Gott schuf den Menschen ihm zum Bilde", deutet ganz dieselbe fundamentale Wahrheit an, die darum auch so ernst und eindringlich wiederholt wird: „Zum Bilde GOTTES schuf er ihn"...

Die Mystik des weißen Lichtes

Brichst Du einen Sonnenstrahl durch ein Prisma, so zerlegt er sich in die sieben Hauptfarben des Spektrums (rot, orange, gelb, grün, blau, indigo, violett). Alle sonst vorkommenden Farbentöne sind Mischungen und Verbindungen dieser Grundfarben. Gerade so kannst Du Dir die Spaltung der göttlichweißen Urkraft in die sieben planetarischen Hauptkräfte vorstellen. Es ist nicht Zufall, sondern tief begründet, daß man jedem Planeten eine bestimmte Farbe – als Symbol – zugesprochen hat.

Nun merke auf. – Tiere und Pflanzen enthalten nicht alle, sondern immer nur bestimmte Farben, d. h. Kräfte. Der Mensch allein vereinigt in sich – wenigstens der Anlage nach – sie alle zusammen. Ihm ist es gegeben, durch Einschlagen des rechten Pfades und die richtige Lebensführung das strahlende weiße Licht in sich zu entwickeln und somit aus der bunten Vielfalt der Gestalten und Persönlichkeiten bewußt zurückzufinden in die erhabene Einheit. Du mußt begreifen, was dies besagen will.

Der siebenarmige Leuchter

Du kennst das schöne Symbol des siebenarmigen Leuchters, der – von sieben Kerzen überflammt – festliche Tage ziert. Wisse, daß dieses heilige Symbol uralter Tempelweisheit entsprang, die sich auf unsere Tage forterbte und heute – genau wie einst – seine tiefste Berechtigung hat. Du selbst bist und sollst sein so ein siebenarmiger Leuchter, an dem die Kräfte des All-Einen in sieben Strahlen erglühen, bis es Dir gelang, sie zu dem einen LICHTE über allen Lichtern wieder zu vereinen und Dir Zeit und „Welt" entschwinden als ein Traum. ...

Und wie die beiden sichtbaren Enden des Spektrums eine dem unbewehrten Auge unsichtbare Fortsetzung haben – das infrarote und das ultraviolette Licht – so ist auch die planetarische Kräfte-Symphonie durch die spät entdeckten Planeten (Uranus und Neptun) vervollständigt, ergänzt, zur Neun erhöht worden. Du erkennst die heilige Neun als Vollendung der Sieben.

Vom alten und vom neuen Adel

Eine seltsame Spiegelung dieser Geheimnisse findest Du in den von altersher überlieferten Adelsabzeichen, den sogenannten Adelskronen. Du weißt, daß der „einfache" Adel durch eine Krone mit fünf Perlen, der Freiherrenstand durch eine siebenperlige, der Grafenstand durch eine neunperlige Krone angedeutet wird. Die Perlen sitzen auf einem runden Reif, der den Kopf umschließt. Heute zum gedankenlos gebrauchten Tand oder Zierrat geworden, bergen diese Kronen, ihren Trägern nicht mehr bewußt, uralte geheime Erkenntnis.

Der goldene Reif, auf dem die Perlen sitzen, symbolisiert die göttliche Allkraft, wie sie sich in der Sonne verkörpert. Die Perlen sind Planeten, die sie umkreisen. Fünf Planeten entsprechen dem auch im Fünfstern (Pentagramm) wiedergegebenen Gedanken. Wer die von altersher bekannten Planetenkräfte (Jupiter = Weisheit und Güte, Mars = Begierde, Venus = Liebe, Merkur = Verstand, Saturn = Selbstsucht) beherrscht, der hat wohl das Recht, die erste – einfache – Krone zu tragen. Mit Uranus und Neptun treten höhere Vernunft und höhere Liebe hinzu, – und wer die Sieben „beherrscht", d. h. innerlich überwand und sich zu eigen machte, der ist auch von der zusammenfassenden Neun nicht fern: stellt doch der Mond das zeitliche (vergängliche), die Sonne das höhere (unvergängliche) Selbst des Menschen im Bilde dar. Wahrlich, es ist ein göttlich Ding, die Sieben und die Neun zu ehren.

Die alten Kronen wurden leer und bedeutungslos, sie mußten sinken, weil ihr einstiger Sinn verloren ging. Sollte nicht die Zeit nahe sein, wo ein neuer Adel – ein Adel des Geistes – sich aus altem Golde neue Kronen schmiedet?! ... Willst Du diese Gedanken praktisch zum Ausdruck bringen und ihren Segen in Dir verlebendigen, so übe **die Buchstaben-Meditation:**

„Ich bin das A und das O".

Halte Dir vor Augen, daß die Buchstabenformen A und O, wie sie uns überliefert sind, einen tiefen Sinn bergen; sie sind nicht willkürlich gewählte Ausdrucksarten für gewisse Laute, sondern mehr als dies, nämlich Gebärden, die nicht ohne Grund gerade am Anfang und am Ende des (griechischen) Alphabets stehen. Sie sind körperhafte Zeichen, die Du nur richtig gebrauchen lernen mußt.

Strecke die Arme schräg nach vorne aus, so bilden sie ein großes A, dessen Scheitelpunkt in Deinem Rumpfe oder dicht dahinter liegt. Erhebe sie nach oben und verschränke die Finger wie zum Gebet, so runden sich die Arme zur Kreisform des O.

Mache nun die Meditation folgendermaßen: In stiller Stunde nimm sieben weiße Kerzen. Stelle sie – das sonstige Zimmer verdunkelt – in eine Reihe nebeneinander, etwa im Abstande von 10 bis 15 cm und entzünde sie. Hast Du einen siebenarmigen Leuchter, so nimm diesen. Alles mit langsamen und an-

dächtigen Gebärden. Sprich feierlich und gesammelt beim Entzünden der ersten Kerze:
„Aus Feuernebel zu Form geronnen,
leuchtet in mir die ewige Flamme..."
der zweiten Kerze:
„In tausend Gestalten verströmt und gestorben,
bin ich erwacht, Ich Selbst zu Mir Selber!"
der dritten Kerze:
„Weit gewandert..."
der vierten Kerze:
„Nah ist die Heimat..."
der fünften Kerze:
„Jauchze, mein Herz..."
der sechsten Kerze:
„Bekränz Deine Pforten..."
der siebenten Kerze:
„Atme Unsterblichkeit, nimm Deine Krone!
Freue dich! freue dich! o Seele!"
Nun stelle Dich einige Schritte entfernt vor die entzündeten Lichter, laß die Arme am Körper herabhängen, bringe Dich innerlich in die gewohnte Meditationshaltung und imaginiere stark, Du seist eine Säule weißen Lichtes. Ist das Bild plastisch, so singe in der früher beschriebenen Weise halblaut und getragen die Worte:
„Ich bin..."
Bilde nun mit den Armen, wie oben beschrieben, das A und fahre in gleicher Tonart fort:
„Die Vielfalt..."
Stelle Dir hierbei vor, daß – wie die Arme durch ihre Haltung andeuten – eine unendliche Welten- und Gestaltenfülle von Dir ausströme. Sei gleichsam die Sonne, die Ströme von Licht und Kraft versendet und tausendfältiges Leben schafft. Koste den Gedanken aus, laß ihn ganz und gar in Dir lebendig werden. Du selbst in all jenen tausend Gestalten!! Dann forme, wie oben beschrieben, das O, d. h. schließe die erhobenen Arme

zum Ring, indem Du die Hände – wie betend – verschränkst, und singe weiter:

„Und ich bin die Einheit! -
Heilig, heilig, heilig ist Mein Name! ..."

Merke wohl, daß das A am Anfang der Übung steht, das O am Ende. Die Weltschöpfung begann mit der Zerspaltung des Allgeistes in die Personenfülle und endet mit der Rückkehr der Einzelnen – nach langem Laufe durch Lust und Leid – in die große Einheit.

Wie die bunte Buchstabenfülle des Alphabets durch die gebreiteten Arme des A eingeleitet wird, so endet sie im erlösenden Rund des abschließenden O.

Vom Werte des Händefaltens

Du lernst damit die tiefere Bedeutung der Händefaltung beim Gebete kennen. Je mehr ein Mensch mit den Armen herumfuchtelt, desto mehr Kraft versprüht er unnütz; unablässig schleudert er kleine, unsichtbare Kraftteilchen von sich fort, die ihm verlorengehen. Der Mensch, der „sich sammeln will", faltet die Hände und läßt dadurch die abströmenden Kräfte sich selber zugute kommen. Linke und rechte Hand sind verschieden polarisiert; ineinander verschränkt, befruchten sie sich gegenseitig, d. h. es findet ein Stromaustausch statt, der dem „Betenden" selber vorteilhaft ist. Was sonst nutzlos verpuffte, dient nun dem inneren Aufbau. Jeder Erschöpfte, der sich ruhig hinsetzt, die Augen schließt, die Hände faltet und eine Zeitlang ruhig und langsam atmet, merkt sehr rasch am eigenen Leibe den bedeutenden Kraftzuwachs, den er dadurch erfährt.

Bei der obigen Meditations-Übung kommt es nicht so sehr auf die Ausdehnung an, als darauf, daß sie richtig ausgeführt wird. Nimm sie nur in geeigneter Stimmung vor. Ob das Übungsziel erreicht ist, fühlst Du selber.

Nun beachte noch einmal den Gegensatz von Hand und Fuß. Die Füße plump und wenig gegliedert. Die Hände feingliedrig und von innerem Leben beseelt. Die Füße in den mütterlichen Erdschoß gerichtet, die Hände hinauf zur Sonne. Nun merke: je geistiger die Wesensart eines Menschen ist, umso feiner ist seine Handgliederung, umso zahlreicher sind die Weltallsrunen, die seine Handflächen durchziehen. Der kosmische Geist, sein Vater, drückt ihm sein himmlisches Siegel in beide Hände. Er zeichnet ihm die Laufbahn, die Lebensstationen vor, die er berühren soll, er markiert die Angelpunkte, an denen er – nach seinem Willen – die großen Entscheidungen zu treffen hat, die seinen Fortgang durch weitere Verkörperungen bestimmen oder seine endliche Erlösung von dem Zwange der Wiedergeburten.

Hast Du schon beachtet, daß die Schrift in beiden Händen verschieden ist? Mach Dir die Mühe, sie zu vergleichen. Bist Du chirologisch erfahren, so weißt Du, daß die linke Hand das überkommene geistige Erbteil, also die aus früheren Verkörperungen mitgebrachten Tendenzen und Möglichkeiten darstellt, die rechte dagegen das, was Du aus diesen Möglichkeiten machst. Die rechte Hand zeigt also, wie weit Du geistig erwacht bist und Dich in den von Gott entworfenen Plan Deines Lebens bewußt eingestellt hast.

Faltest Du nun die Hände, so fügst Du damit Deine Vergangenheit an die Zukunft, verschmilzt sie beide zu einer Einheit, bildest den geschlossenen Ring einer der Zeit enthobenen ewigen Gegenwart. Die linke Hand ist die duldende, die rechte die handelnde, beide zusammen erst bilden ein organisches Ganzes. Und hier rühren wir wieder an ein Weltgeheimnis, das zu erläutern ist.

Von GOTTES Zweigestalt

Der unerschaffene Geist offenbart sich in zweierlei Gestalt, er hat zwei Gesichter, die – beide gleichwertig – erst in ihrer Vereinigung vollkommen sind. Nennen wir sie das männliche und das weibliche Prinzip oder **Gott-Vater und Gott-Mutter**. Was die Wissenschaft als positive und negative Elektrizität, als positiven und negativen Magnetismus bezeichnet, ist nichts als die Äußerung ganz derselben Zweiheit. Auch was wir Tag und Nacht, Leben und Sterben nennen, beruht auf der gleichen Grundtatsache. Der Lebendige wirkt und schafft, er verkörpert das „Mann"-Prinzip, der Sterbende gibt sich ganz dahin, restlos – er verkörpert das „Weib"-Prinzip in seiner höchsten Potenz. Alles, was je geschaffen ist, die gesamte Formenwelt untersteht diesem Gesetz, sie hat ihren Tag und ihre Nacht, mag es sich um Sonnen, Planeten und Monde oder um Pflanzen, Tiere und Menschen handeln. Alles, was wir „Leben" nennen, entspringt ausschließlich diesem Gegensatz, diesem Mit-einander-ringen zweier Grundkräfte, die ihre Stillung und höchste Bestimmung nicht finden in dem Unterliegen der einen und dem Obsiegen der anderen, sondern in ihrer ausgeglichenen Harmonie, in der Vollendung ihres Gleichgewichts.

Es gibt nichts, was nur männlich, und nichts, was nur weiblich wäre. Der Ringkampf beider Kräfte geht vielmehr in den Organismen vor sich, die damit der Schauplatz kosmischer Umwälzungen sind. Überblicken wir die Entwicklung der menschlichen Kulturen, das Auf und Ab in den Völkerwogen in der Geschichte, so werden wir inne, daß in diesem Ringkampf bald die Vaterkraft oder Vatergottheit, bald die Mutterkraft oder Muttergottheit das Übergewicht erlangt hatte und im Bewußtsein der Menschen die höhere Verehrung genoß. Der Süden Europas besitzt heute noch in der „Muttergottes"-Verehrung eine starke Erinnerung an die alte Weltmutter, die – unter den verschiedensten Namen – bei sämtlichen Völkern in Ehren stand. Ob sie nun – wie im alten Ägypten – Isis hieß, ob – wie noch heute im fernen Osten – Kwannon, ob Maya oder Maria – es handelt sich überall um denselben hochwertigen Weltgedanken. Wird nicht die Madonna noch heute auf vielen Darstellungen auf der Mondsichel stehend und umgeben von einem Sternenkranze abgebildet? Uralte kosmische Symbole glänzen auf, den meisten Andächtigen kaum noch als solche bewußt.

Die Welt als Liebesmysterium

Mann und Weib sind die **Entzweiung Gottes**. Ihr ewiges Sichsuchen und -finden, Sich-trennen und Wieder-finden bedingt alles Leben, das in Wahrheit ein hohes Liebesmysterium ist. Gottvater ist überhaupt nicht denkbar ohne Gottmutter, er wäre halb und unvollkommen. Die ewige zeugende Vaterkraft bedarf einer ebenso ewigen empfangenden, formgebenden, gebärenden Mutterkraft. Magst Du die erstere Urgeist nennen und die zweite Urstoff – Name ist „Schall und Rauch", auf den Grundsinn kommt es an.

Ohne die Liebe also wäre die Welt nicht. Was läßt die Himmelskörper in seligen Rhythmen um ihre Mittelpunkte schwingen, was läßt die Planeten um die Sonne kreisen, was die „negativ" geladenen Elektronen um die „positiven" Atomkerne, – wenn nicht Liebe!?

Alles, was Du als „Leben" um Dich siehst, von der Geburt bis zum Grabe, wird durch Liebe in Gang gesetzt und in Gang erhalten. Anziehung und Abstoßung sind zwei Komponenten, die erst in ihrem Zusammenwirken eine Einheit bilden. Die Geburt jedes Organismus ist die Geburt eines Liebesreigens, sein Tod der Übergang in einen anderen Reigen. Auf den Tod sich recht vorbereiten, das heißt: sich für einen neuen, höheren Liebesreigen schulen. Daher, wer nur „sich" geliebt hat, dem wird das Sterben schwer. Zeige mir, wie Du stirbst, und ich will Dir sagen, wer Du warst...

Mann und Weib in Dir

Aus „Feuer" und „Wasser" ist die Welt gemacht, aus „Hell" und „Dunkel", aus „Ja" und „Nein".

Und die irdischen Begriffe „Vater" und „Mutter" sind sterblich-niedere Sinnbilder eines dahinter- und darüberstehenden, unendlich viel tieferen, höheren Götter- oder Kräftepaares, in denen sich das Unerkennbare EINE offenbart. Immer wieder begegnen sie sich, kämpfen miteinander, gleichen sich aus und schaffen gemeinsam das Symbol ihres Zusammenklanges – das Kind. Auch dies, recht verstanden, ein hohes Symbol, ja, das höchste von allen für den wahrhaft Erkennenden. In seiner menschlich-irdischen Realität erfaßt, jedoch: Leidverlängerer in einer unendlichen Kette. Denn, welches Kind wurde nicht zum Leiden geboren!?

Das wahre Geheimnis des Geschlechts liegt nicht in der äußeren, sondern in der inneren Zeugung.

Du weißt, kein Wesen ist nur Mann oder nur Weib. So auch der Mensch nicht. Beachte die Brustwarzen des Mannes, die Barthaare des Weibes. Und wie oft findest Du einen männlichen Geist in Weibesgestalt, einen weiblichen in Manneskleidern! Wir sind allzumal Zwitter und immer strebt in der Liebe ein ganzer Mann nach einem ganzen Weibe. Das geschieht, wie in der äußeren, so auch in der inneren Liebe, die sich im Heiligtum Deines Leibes vollzieht. Die Weisheit des Alters beruht wesentlich auf dieser inneren Liebe: das Hauptgeschlecht tritt zurück, das solange unterdrückte Nebengeschlecht tritt hervor. Die vordem nach außen gesuchte Ergänzung wird innen gesucht und gefunden. Eine innere Zeugung findet statt, die den alten Menschen, wenn er sie beherrscht, erneut, erlöst und befreit.

Die mystische Liebe

Auch wer den mystischen Tod durchschritten hat – und ich hoffe, Du hast es – sieht in der äußeren Zeugung nicht mehr Krone und Ziel seines Lebens. Wer die Göttliche Herrin gefunden hat, bedarf der Dienerinnen nicht. Er sieht sie als Boten, Sinnbilder oder Gleichnisse an, weiß sich aber unabhängig von dem Zeugungszwange, der alle Welt beherrscht. Was er liebt, ist nicht mehr der Mensch, sondern die Gottheit, die ihm in Gestalt dieses oder jenes Menschen nahekommt, zu ihm durch den Mund anderer Menschen spricht. Es ist die Gottheit, die er gleichzeitig in sich selber trägt und fühlt.

Anders gesagt: er hält nichts mehr von den vergänglichen äußeren Spiegelbildern, die vor dem Hauche der Zeit zerrinnen wie Rauch, sondern zeugt mit der Gottkraft in ihm selber das unvergängliche Kind, den inneren Christus.

Die Hochheilige Drei
Hier nun liegt das Geheimnis der altehrwürdigen Dreizahl. Gottvater in Dir als zeugender Wille, Gottmutter in Dir – als vom Heiligen Geiste erleuchtete, ewig jungfräuliche Seele – erzeugen in mystischer Liebe das Göttliche Kind, den Sohn, der – wiederum Du selber bist, Dein höheres, unsterbliches Gott-Ich. Zeichne ein Dreieck mit drei gleichen Seiten, so hast Du ein treffendes Symbol für diesen Vorgang, der sich mit Worten letzten Endes nur dem verständlich machen läßt, der ihn innerlich durchgemacht, durchlebt hat. Die von den alten Religionen gelehrte Dreieinigkeit, sie meint nichts anderes, als eben dies.

Nun gibt es gewisse Maßnahmen, mit denen DU diese geistige Geburt in Dir, das eigentliche Ziel dieser religiösen Entwicklung, befördern und unterstützen kannst. Alles was diese Briefe lehren wollten, dient ja wesentlich diesem Ziele. Schöne Madonnenbilder, die Du in der richtigen Einstellung betrachtest, auf die Du Dich konzentrierst, werden Dir gute Dienste leisten können. Auch gute Christusbildnisse, die den lebenden, segnenden oder auferstandenen Christus darstellen (etwa das Thorwaldsensche), nicht also den gekreuzigten! In Dir soll Christus ja nicht am Kreuze bleiben, sondern erweckt werden. Lange genug war er gekreuzigt. Die Zeit ist gekommen, **wo er vom Kreuze genommen und an seinen rechten Platz gesetzt wird**, den Platz „zur Rechten Gottes". Stelle Betrachtungen an über „Christus in mir", sei es nun, daß Du Dich in ihn einfühlst in menschlicher Gestalt, sei es, daß Du ihn als Sonne in Dir fühlst, die da aufgeht über Bösen und Guten. Oder betrachte Wortdinge wie „Ewige Liebe", „Seligkeit", „Gnade und Licht".

Die Kreuzübung „Das lebendige Wasser"

Vorbemerkung. Deine Mann-Weibnatur offenbart sich in vielerlei Einzelheiten Deines Körperbaues, die Du zum Teil selber finden sollst. Achte aber auf gewisse wichtige Symbolismen. Die senkrechte Linie ist von jeher Ausdruck des Begriffes Mann, die waagerechte Ausdruck des Begriffes Weib. Denke nach, warum dies so ist und so sein muß. Ziehst Du ein Kreuz, so stellt es also das Zusammenwirken des Mann- und des Weibprinzipes vor, und der Schnittpunkt beider Linien ist folgerichtig der Punkt, wo die schöpferische Kraft am stärksten und unmittelbarsten zur Wirkung gelangt.

Breitest Du die Arme waagerecht aus, **so bildest Du selber dieses mystische Kreuz**, bist selber eine Darstellung von Mann und Weib in Wechselwirkung, und Dein eigener Leib, Dein eigenes Innere wird Schauplatz der schöpferischen Betätigung beider Grundkräfte. Es gibt Gebärden, Körperstellungen, denen ein tieferer Sinn innewohnt, als der oberflächliche, auf das Grobmechanische eingestellte Blick begreift. Ja, körperliche Funktionen sind zuweilen der Mantel eines höher-geistigen Prinzips, das Dir nur aufgeht, wenn Du reif bist!

Wenn Du nun überwiegend Mann, also von Hause aus auf männliche Betätigung eingestellt bist, ist es erforderlich, zunächst die Weibkraft in Dir zu stärken, zu entwickeln, zu üben. Das geschieht, indem Du Dich mit der außer Dir befindlichen, universellen kosmischen Weibkraft in Verbindung bringst.

Ausführung: Nimm, mit dem Gesicht nach Süden, die Kreuzstellung ein und schließe die Augen. Die Handflächen breite nach oben, gleichsam mit empfangender Haltung. Nun konzentriere Deine ganze innere Aufmerksamkeit auf die Mittelpunkte Deiner Handflächen. Du wirst in Kürze fühlen, wie der Strom des Astrallichtes hier in Dich überfließt. Du spürst ein Prickeln, ein Saugen, ein feines Rieseln von höchst eigenartiger Beschaffenheit. Mit Selbstsuggestion hat diese Wahrnehmung nichts zu tun. Sie ist aber nur realisierbar, wenn Du genügend vorbereitet bist, sonst mühst Du Dich vergeblich. Ehe Du aber nicht diesen ersten Teil der Übung erfüllt hast, kannst Du – da zwecklos – nicht zu dem zweiten schreiten.

Über diesen zweiten Teil mußt Du Dich mit Andeutungen begnügen, die jedoch hinreichen, Dich genügend zu unterrichten, wenn Dir die „Liebe von oben" hilft. Wisse, daß der Atemvorgang ein Liebesmysterium birgt. Einatmung, Ausatmung, Atemverhaltung – sie sind verschiedene Phasen eines Zeugungs- und Gebärprozesses, dessen tiefere Bedeutung sich Dir im rechten Augenblick, unter den rechten Voraussetzungen offenbart. Du willst das göttliche Kind in Dir erzeugen? – Nun, so sei des göttlichen Kindes würdig ...

Was „Weihnachten" will

Bist Du in diese Dinge tief genug eingedrungen, so entschleiert sich Dir mit manchem anderen auch das Weihnachtsfest als höchst sinnvolles Gleichnis. Ein innerer Vorgang wird hier durch äußere Symbolik treffend gekennzeichnet. Frage Dich selbst: Wer ist „Josef"? Wer „Maria"? Warum legte man das Fest gerade in die Tage, welche die Wiederkehr der Sonne für unsere nördlichen Breiten einleiten? Warum kommt das „Christkind" im „Tierstall" zur Welt? Und was hältst Du von der tiefen Symbolik des Weihnachtsbaumes, der über unserem deutschen Jul-Feste strahlt?

Denke über all dies mit dem Herzen nach ... Bist Du meinen Anweisungen so gefolgt, wie sie gemeint sind, so weißt Du, was jener Weise sagen wollte mit seinem Wort: „Siehe, es ist alles neu geworden!"

Wunschlos und versöhnt stehst Du hinfort in der wechselnden Welt der Erscheinungen. Du fandest den Ankergrund, der unverlierbar bleibt.

Die Macht des Verzichtes

Und schon hast Du begonnen, eine merkwürdige Entdeckung zu machen. Du selbst bist verwandelt, und damit erlangt alles, was Du tust und sagst, einen verwandelten Sinn, eine neue, zunächst überraschende Kraft. Deine Gedanken und Wünsche beginnen sich vor Deinen Augen in physischer Form zu verwirklichen, wo und wie Du es am wenigsten erwartetest. Erfüllung alter langjähriger Sehnsuchten wartet auf Dich irgendwo am Wege. Das vordem schleppende Tempo Deines Lebensgespannes steigert sich unversehens zum stürmischen Galopp. Es ist, als seien Hemmungen gefallen, die Dich solange hielten. Mit dem inneren wandelt sich auch Dein äußeres Leben.

Das Wort aber, das Du **mit vollem Bewußtsein und Willen** sprichst, erlangt eine ungeahnte Bedeutung, es wird zum kosmischen Befehl, der dienende Kräfte von hoher Potenz in Bewegung setzt. Die Magie des Segens – Du lernst sie in einem neuen Lichte sehen. Eine ungeheure Verantwortlichkeit lädt sich Dir mit diesen neuen Kräften auf die Seele. Ihrer sei stets, auch bei Geringfügigkeiten der Lebenspraxis, eingedenk!

Die Lehre vom geistigen Vakuum

Das Arkanum dieser Wirkungen aber, um es noch einmal zu sagen, heißt: Verzicht. Und zwar nicht ein angelernter, oberflächlicher oder durch Selbstsuggestion – um eben dieser Wirkungen willen, also in eigennütziger Absicht – eingebildeter Verzicht, sondern der wahre mystische innere Verzicht, dem es nichts ausmacht, in Armut oder Reichtum, Demut oder Glanz zu leben, dem die „Dinge" dieser Welt in Wahrheit nur ein belangloses Kleid sind. Wunschlosigkeit also hütet den Zugang zu diesen Geheimnissen, und *niemand gelangt ins Innere des Tempels, der ihn nicht mit reinen Füßen betritt.*

Was dabei vor sich geht, ist dies: Durch das Nicht-Wünschen in bezug auf ein Ereignis *bildet sich in der Welt der Ursachen ein Vakuum*. So wenig wie die äußere Natur, duldet aber auch die geistige Welt ein Vakuum: sie sucht es raschest auszufüllen. Dieser Ausgleich kann nur in der „Erfüllung" liegen, weil nur sie dem Vakuum genau entspricht.

Du siehst, hier steckt ein Widerspruch, mit dem Du Dich irgendwie auseinandersetzen mußt. – Wenn sich Wünsche erfüllen, die Du – infolge jenes Verzichtes – gar nicht mehr hegst, so sind das ja im Grunde genommen gar keine „Wunsch"-Erfüllungen mehr. Mit anderen Worten: die Erfüllung eines wirklich aufgegebenen Wunsches ist für den wahren Mystiker wertlos geworden – und soll das sein! Die unendliche Weisheit weiß auch hier genau, was sie tut, sie legt nur dem „reifen" Menschen die ganze Welt zu Füßen, weil nur er von ihr den richtigen Gebrauch zu machen weiß, weil nur er sich nicht mehr von den „Schätzen" der Erde nimmt, **als er für seine höheren Aufgaben bedarf**.

Weltalls-Meditation

Geh in einer klaren Nacht hinaus und suche Dir unter dem Sternenhimmel einen ruhigen, geschützten Platz, wo Du allein und ungestört bist. Ist es Winter und sehr kalt, so kannst Du diese Betrachtung auch im Zimmer, etwa am Fenster sitzend, vornehmen. Beginne damit, daß Du die schönsten und größten Sternbilder durchmusterst; bei den stärksten und reinsten Flammen verweile länger, etwa beim Sirius (im Winter), bei der Kapella oder Wega (im Sommer).

Nun nimm, immer den Blick auf den Himmel gerichtet, die gewohnte Meditationshaltung ein. Rufe in Dir eine der folgenden Vorstellungen so plastisch als möglich wach:

a) Der Himmelsbaum.

Du stehst unter einem ungeheuren Baum. Den Stamm und die Zweige siehst Du nicht, sie liegen im Dunkel. An den Spitzen der Zweige aber flammen die tausend und abertausend Lichter der Sterne. Male Dir das im Einzelnen aus. Ziehe Zahlen heran, die Dir geläufig sind. Du stehst erschauernd unter einem unbeschreibbar gewaltigen Weihnachtsbaum. Die Lichter flammen zur höchsten Feier: Du selbst wurdest Dir selbst geboren

– Du selbst wurdest Dir selbst beschert. Mußt Du nicht dankbar sein?

Breite die Arme aus und sprich langsam und feierlich, in den strahlenden Himmel hinein, ein „Vater unser" – .

b) Gottes Hochzeitshaus

Das ganze Weltall ist Gottes Hochzeitshaus. Alles unendliche Leben in den strahlenden Weiten ist die ständige Hochzeitsfeier des erhabenen Einen, in dem Mann und Weib sich umarmen. Mann und Weib – sie sind die Pole, die das „Leben" in Gang halten. Jedes Licht, das Du siehst, ist ein Triumphgesang des Liebenden über die Unendlichkeit des Raumes hinweg. Denn wisse es und fühle es: **Gott ist die Liebe!**

Auch Du bist als Frucht von dem ungeheuren Weltenbaume herabgefallen, auf daß Du der Hohen Liebe dienest. Ohne die Liebe wärst Du nicht. Ohne die Liebe wirst Du nicht sein. – Darin liegt Dein ganzes Schicksal, selbstgewählt, beschlossen. „Wer in der Liebe bleibt, der bleibt in Gott und Gott in ihm!" Dringe in diese Gedanken tiefer ein. Laß Dich ganz durchschüttern von ihnen. Dann führe aus:

Die Sternen-Atmung

Fasse das schönste Sternbild des Himmels fest ins Auge, ohne dabei den Blick auf das Ganze zu verlieren. Ziehe langsam den Atem ein und durchdringe Dich dabei so intensiv als möglich mit dem Gedanken: „Mit diesem Atemzuge sauge ich die Liebeskraft des Weltalls in mich ein!" Denke daran, daß Du Blut vom Blute der Sterne bist. Denke daran, daß die kosmischen Kraftströme durch die Atmung in Deinen Blutkreislauf übergehen und in Dir unmittelbar zu Fleisch und Blut werden. Denke daran, daß Du Dich durch diese Sternen-Atmung untrennbar eingliederst in die große Kette des Weltenkreislaufes. Mache lebendig in Dir das Wort: „Eins mit dir, Hochheiliger Gott!"...

Mitternachts-Kommunion

Wenn alle Stimmen des Tages schweigen, wache Deine Seele. Wenn die erhabene Mutter ihre Hände breitet, lausche Dein Herz.

Verwandle ungesehen einen kleinen Tisch mit weißem oder schwarzem Tuch zum Altar. Zeichne mit Kohle oder Kreide einen vollkommenen Kreis und in den Kreis ein Dreieck mit ganz gleichen Seiten, so daß seine Spitzen den Kreis berühren. An jede Spitze stelle ein weißes Licht.

In den Mittelpunkt von Kreis und Dreieck lege ein kleines Stückchen weißes Brot, gerade für einen Bissen reichend; dazu stelle einen Becher mit einem Schluck Wein.

Zeremonie: Nun entzünde die drei Lichter, indem Du dabei halblaut und feierlich sprichst:

„Im Namen des Vaters!" (1. Licht).
„Im Namen des Sohnes!" (2. Licht).
„Im Namen des Heiligen Geistes!" (3. Licht).

Hierauf knie nieder vor dem Lichterkreis, versenke Dich und sprich halblaut und eindringlich:

„Im Anfang war das Wort,
und das Wort war bei Gott,
und Gott war das Wort..." (Pause)

„Göttlicher Vater,
Schöpfer, Erhalter und Verwandler der Welten,
sei mit mir!"
„Göttliche Mutter,
heilige Seele der Welt,
die mich im Schoße trug von Anbeginn,
sei mit mir!"
„O, Sohn Gottes,
durch eigenen Willen gekreuzigt,
gestorben, in die Tiefe gefahren,
durch göttlichen Willen wiedergeboren in mir,

auferweckt von den „Toten",
auferstanden zur Seligkeit,
heimgefunden ins Vaterhaus!" ...

„Heiligster Vater, heiligste Mutter,
mit euch sei ich vereint im Leben und Sterben,
sei ich vereint auf immer."
Nimm das Brot, iß und sprich:
   „Dies ist mein Leib, der für alle gegeben ist!"
Dann nimm den Wein, trink ihn und sprich:
   „Dies ist mein Blut, das für alle vergossen ist!
     OM!" –
Verharre eine Zeit lang in Andacht, dann stehe auf, lösche die Lichter und entferne den Kreis.

<<>>

Nachwort und Aufruf

Wir sind, mein Bruder, einen weiten Weg gewandert. Bist Du mir von Anfang bis zu Ende gefolgt, wie vorgedacht, so hast Du eine äußere und innere Entwicklung durchlaufen, die dauernd ihre Spuren in Deinem Leben hinterlassen wird. Du hast eine mystische Umwandlung, eine geistige Neugeburt erlebt, die – wie jede Neugeburt – mit Schmerzen und Opfern verknüpft war, ohne welche das erstrebte Gut nun einmal nicht zu erreichen ist.

Ich habe Dir in diesen Briefen soviel zu geben versucht, wie man einem fremden Menschen eben schlechterdings geben kann. Ich bin so deutlich gewesen, wie es – in Ansehung des schwierigen und verantwortungsreichen Stoffes – erlaubt ist, und bin mir bewußt, daß manches zwischen den Zeilen gesagt wurde, was – streng genommen – nicht ohne weiteres in jede Hand gehört. Aber Bücher haben nicht nur ihre Schicksale, sondern auch ihre guten Engel. Was in dem redlichen Wunsche, ehrlich Suchenden zu helfen, geschrieben wurde, wird dem Späherblick unredlicher Zeitgenossen bestimmt entgehen: man wird ihr Auge verblenden. Es ist übrigens auch – rein psycho-technisch gesprochen – dafür gesorgt, daß kein Unberufener ins Heiligtum gelangt. Der Zutritt zu ihm läßt sich gottlob nicht erkaufen, erschwindeln oder erzwingen. Er läßt sich nur durch Opfer, und zwar durch die schwersten Opfer, die ein Mensch zu bringen vermag, erleichtern. Wer also diese Briefe für eigennützige und unsittliche Zwecke auszuschlachten versuchen sollte, ***wird auf Granit beißen oder sich selbst den größten Schaden zufügen.***

Das Echo, das mein Versuch gefunden hat, ist nicht ohne Verheißung. Viele haben den schweren Weg, den ich vorzeichnete, bereits zu beschreiten begonnen. Aus ihnen wird sich die unsichtbare Ritterschaft rekrutieren, die – aus dem Verborgenen wirkend – in den kommenden Geisteskämpfen

die Leibgarde des Guten bilden soll. Verstreut über das ganze Reich deutscher Zunge sind Inseln im Entstehen, die – unabhängig von Raumschranken – eine zielbewußte Einheit zum Kampf für das Licht darstellen, unangreifbar, weil sie nicht in sichtbare Bünde gegliedert sind.

Noch größer freilich ist die Zahl der anderen, die diese Briefe mit Sympathie aufgenommen haben, ohne sich damit zu ihrer praktischen Durchführung zu verpflichten. Hier ist es der innere Widerstand des mißtrauischen „Modernen" gegen alles – wenn auch nur scheinbar – Zwangsmäßige. Gerade in der Freiwilligkeit der Hingabe liegt ja die Vorbedingung erfolgreichen Übens! Dort legen die äußeren Verhältnisse der esoterischen Übungspraxis Hindernisse in den Weg. So ist es z. B. für viele Verheiratete ein hartes Ding, längere Zeit geschlechtliche Enthaltsamkeit üben zu sollen. Zur Einleitung der erstrebten Umwandlung ist nun aber diese Enthaltsamkeit durchaus unentbehrlich. Immerhin sei bemerkt, daß es sich hierbei um eine Durchgangsphase handelt, die – wenn das Ziel erreicht ist – nicht mehr in voller Strenge aufrecht erhalten werden muß.

Überhaupt irrt, wer annimmt, daß diese Briefe eine lebenslange Ertötung aller Freude, eine Daueraskese einleiten wollen, die jedem Genusse feindlich gegenübersteht. Ganz im Gegenteil: hier wird der Versuch gemacht, die allertiefsten Werte aus dem Leben herauszuholen. Wer ins tiefe Fahrwasser will, der muß nun aber, um es überhaupt zu finden, erst mal aus dem seichten Wattenmeer heraus, in dem die meisten Mitmenschen so fröhlich und zufrieden und – ahnungslos herumplätschern.

Hat er den neuen Standpunkt aber erreicht und ruht fest im sicheren Ankergrunde, so mag er gerne fröhlich sein mit den Fröhlichen, menschlich unter Menschen, sofern und soweit darunter nicht Unmäßigkeit in irgend einer Richtung verstanden wird. Freilich wird ihm die „Welt" und ihre „Genüsse" nicht mehr dasselbe bedeuten, wie den anderen.

Im übrigen steht es wohl fest: Hunger ist der beste Koch.

Allen Überfütterten, allen, die sich Magen und Leber verdorben haben, dies zur Lockung! Ja, selbst die magerste Lebenssuppe gewinnt neue, ungeahnte Reize, wenn einmal gar nichts im Topfe war.

Selbstverständlich, mein Leser, sind diese Briefe – wie alles von Menschenhand Geschriebene – unvollkommen. Auch bestand ursprünglich der Plan, wie ich Dir verraten will, noch einen achten und neunten folgen zu lassen, um dieser Unvollkommenheit Abtrag zu tun. Indessen: die Zeit scheint mir für diese Ergänzungen heute noch nicht gekommen. So bleibe es vorläufig bei der Siebenzahl, für deren inhaltliche Abrundung ich Sorge getragen habe.

Niemand, dessen bin ich sicher, wird sie ohne Nutzen lesen – selbst wenn er keine praktischen Folgerungen zieht. Die eine oder andere Wahrheit wird sich ihm einbrennen, unverlierbar. Unsere Zeitseele, wer zweifelt daran, ist krank und bedarf des Arztes. Sie ist krank am Geld- und Konkurrenzwahn. Völker, Klassen und Einzelne leiden daran auf das Schwerste.

Was wir brauchten, wären stille Inseln, ferne dem Alltag, wo das gesunde Gleichgewicht der Seelen wieder hergestellt würde auf einer neuen, haltbareren, tragfähigeren Basis. Nicht also „Sanatorien", wo man durch elektrische Ströme, Massage und Liegekuren den sündigen Leib für neue Sünden stärkt. Auch nicht psychoanalytische Heilanstalten, deren Hauptwaffe die systematische Zerfaserung erotischer Erlebnisse und Begierden ist, **also die laute Betonung des Tieres, statt seiner Überwindung**.

Nein, woran ich denke, sind etwa freie Klöster, die sich die Umschulung und Rückführung der Seele zu ihrer eigenen Hochnatur zur Aufgabe machten. Freiklöster, in die sich der weltmüde, weltenttäuschte, gott- und geisthungrige Lebenspilger auf – nicht zu kurze – Zeit zurückzieht, in der Gewißheit, dort den inneren Aufbau zu finden, die neue Lebenseinstellung nicht materialistischer Art, die allein ihm den dauernden Frieden bringt. Wegweiser zum Glück, Häuser der Stille, wo alle jene überlieferten „Heil-" und „Heils"-Mittel altmystischer Systeme im modernen Gewande dargeboten werden – wie die schulgerechte Konzentration, die Beschauung, die musikalische Meditation; wo in zeremoniellen Riten ehrwürdige Geheimnisse aufleuchten und die Suchenden innerlichst erheben und befruchten. Kurz, wo der ganze zerfahrene heutige Mensch in brüderlicher (nicht geschäftlicher und erst- oder zweitklassig bezahlter) Liebe die innere und äußere Hilfe findet, die er so bitter nötig hat.

Ich sende diese Worte hinaus, daß sie an die rechten Tore pochen. Ob ich ein Echo höre?

Ende

Nachwort des Verlegers

Den Anhang mit dem Titel *Hohe Magie* leitete ich im Lebensroman *Frabato* von Franz Bardon im Jahre 1979 folgendermaßen ein:

„Da dieser Text einiges enthält, was in den drei Lehrwerken von Franz Bardon nicht zu finden ist, habe ich mich entschlossen, ihn in diesem Zusammenhang zu veröffentlichen. Er stammt aus einer Zeit vor der Veröffentlichung des Werkes *Der Weg zum wahren Adepten* und wird hier nach einer Übersetzung von Otti Votavova und einem vom Autor nicht durchgesehenen Manuskript herausgegeben.

Ausdrücklich möchte ich bemerken, daß die angegebenen Übungen nicht getrennt von jenen aus *Der Weg zum wahren Adepten* gesehen werden dürfen. Um gesundheitliche Schäden zu vermeiden, ist es unbedingt notwendig, sich genau an die Anweisungen in *Der Weg zum wahren Adepten* zu halten.

Der Inhalt dieses kleinen Werkes soll hauptsächlich das Wissen des Schülers erweitern und als Ergänzung dienen."

Zu jener Zeit war mir der Name Georg Lomer leider völlig unbekannt, und auch die Tatsache, daß es sich bei dem von mir veröffentlichten Text um einen Teil dieses Werkes handelte, da die mir zur Verfügung stehenden Manuskriptseiten keinerlei Hinweis auf den Autor trugen. Dieser war jedoch auf der tschechischen Übersetzung vorhanden, wie mir erst vor wenigen Jahren bewiesen wurde. Wie auch immer, für mich ist wichtig, daß Franz Bardon die Anweisungen von Dr. Lomer für wertvoll genug hielt, um sie für seine Schüler in die tschechische Sprache übersetzen zu lassen.

Die Lehrbriefe von Dr. Lomer gehören zweifellos zu den wertvollsten magischen Texten dieses Jahrhunderts und ich freue mich, daß mir Gelegenheit gegeben wurde, diese in meinem Verlag neu herauszubringen. Der Inhalt wurde bis auf ein paar grammatische Änderungen nicht angetastet. Den Titel habe ich etwas verändert, weil der Begriff „Geheimwissenschaft" seit der Herausgabe der Bardon-Bücher seine frühere Bedeutung verloren hat.

Da mir bekannt ist, daß sich manche Schüler nicht genau an die Anweisungen der Meister halten, sondern planlos herumüben ohne sich über die Folgen ernsthafte Gedanken zu machen, möchte ich noch kurz auf eine Gefahr hinweisen, die bei unsachgemäßer Handhabung der magischen Wissenschaft auftreten kann. Im 5. Brief Abschnitt 7 empfiehlt Dr. Lomer Übungen, bei denen das Bewußtsein in die Füße zu versetzen ist. Für denjenigen, der entsprechend den Anweisungen von Franz Bardon das „magische Gleichgewicht" erreicht hat, sind diese Übungen sicherlich ungefährlich. Ohne dieses magische Gleichgewicht setzt sich der Schüler jedoch einigen Gefahren aus, über die Franz Bardon uns berichtet:

„Die Kerning-Schule, welche das Buchstabieren in den Füßen empfiehlt, ist vom hermetischen Standpunkt aus genommen, nicht empfehlenswert. Der Hermetiker wird sofort wissen, warum, und zwar, weil durch das Konzentrieren der Buchstaben in die Füße eine Bewußtseinsverschiebung geübt wird, und jede Bewußtseinsverschiebung, ohne Unterschied, ob in die Füße oder in einen anderen Körperteil, verursacht daselbst eine unnatürliche Blutstauung. Ob das Mittel zum Zweck Buchstaben sind oder einfache, eventuell zusammengesetzte Worte, Gottesnamen u. dgl. ändert nichts an dieser Tatsache. Durch die Bewußtseinsversetzung in die Füße und durch das Konzentrieren in dieselben entsteht eine Hitze, welche von den Mystikern fälschlich als das mystische Feuer angesehen wird. Durch die Bewußtseinsversetzung treten bestimmte psychologische und physiologische Begleiterscheinungen u. dgl. auf, die gleichfalls fälschlich als mystische Erfahrungen, als gewisse Zustände seelischer und geistiger Art gelten.

Derjenige, welcher einen starken und guten Charakter hat, moralische Tugenden besitzt, hohe Ideale verfolgt, braucht zwar nicht gleich durch die Übungen der Kerning-Schule aus dem Gleichgewicht zu kommen und irgendwelche psychologischen Disharmonien u. dgl. augenblicklich an sich wahrzunehmen. Dagegen Menschen, die keinen festen Charakter haben und gesundheitlich nicht ganz auf der Höhe sind, also wenig Widerstandskraft besitzen, können durch Anwendung eines solch einseitigen Systems großen Schaden an Körper, Seele und Geist erleiden. ...

Bei Fanatikern ist die Gefahr der Gleichgewichtsstörung durch einseitige mystische Übungen (Buchstaben-Übungen) natürlich noch viel größer. Mir sind schon viele Menschen begegnet, bei welchen nach kurzer oder längerer Übungsdauer der Buchstabenmystik, also aufgrund verfehlter Übungen der Bewußtseinsversetzung, geistige Störungen aufgetreten sind. ... Gerade das Üben der Buchstabenmystik in den Füßen führt zu einer Bewußtseinsspaltung, zur sogenannten Schizophrenie mit allen ihren Folgeerscheinungen. Ein wahrer Suchender wird sich also wohlweislich nicht eher mit der Buchstabenmystik befassen, bevor er nicht die nötigen Vorbedingungen erfüllt hat, die zu einem Erfolge notwendig sind (F. Bardon *Der Schlüssel zur wahren Kabbalah*, S. 73-75)."

Selbsterkenntnis ist in dieser Zeit nicht sehr gefragt, deshalb wird die Strenge der Anweisungen von Dr. Lomer vielleicht manchen Leser unangenehm berühren. Aber wer den Wunsch nach geistiger Vollkommenheit weit genug in sich verstärkt hat, wird sich davon nicht abschrecken lassen. Die Übungen der geistigen, seelischen und physischen Askese sollen einem höheren Ziel dienen, also nicht Selbstzweck sein. Ich vergleiche die Askese gerne mit derjenigen des Wettkampfsportlers, der sich eben auch eine bestimmte harmonische Lebensführung auferlegen muß, wenn er im Wettkampf seine volle Kraft zur Entfaltung bringen will.

Die asketischen Übungen dienen u.a. der Stärkung der Willenskraft und der seelischen Harmonisierung, wobei das Hauptgewicht auf die Gedankenkontrolle und Charakterschulung zu legen ist. Bei der Charakterschulung empfehle ich nach dem Muster der vier Elemente zu verfahren, wie es in dem Werk *Der Weg zum wahren Adepten* von Franz Bardon beschrieben ist. Auf dem Wege zum „magischen Gleichgewicht" ist nicht nur eine Menge Kleinarbeit zu leisten, sondern es sind auch viele Prüfungen zu bestehen, bei denen man Mut und eine gute psychische Standfestigkeit benötigt.

Dr. Georg Lomer wurde am 12. September 1877 in Loosten bei Wismar geboren und starb im Jahre 1957. Die Originalausgaben dieser Briefe dürften aus den zwanziger oder dreißiger Jahren stammen, aber leider tragen die mir bekannten wie so viele seiner anderen Schriften keine Jahreszahlen.

An dieser Stelle möchte ich mich herzlich bei meinen Freunden Silvia und Ulrich Ohm bedanken, die wieder einmal die Korrekturen gelesen und somit bei der Fertigstellung dieses Buches einen wesentlichen Beitrag geleistet haben.

Den Schülern dieser geistigen Wissenschaft wünsche ich Freude und Erfolg beim Studium und bei der Praxis. Jeder ist für sich selbst verantwortlich und niemand ist gezwungen die in diesem Buch genannten Übungen auf sich anzuwenden. Deshalb lehnt der Verlag jede Verantwortung für irgendwelche Schäden ab, die sich aus einer unsachgemäßen Praxis dieses Buches ergeben könnten.

Wuppertal, 17. April 1994

Dieter Rüggeberg

Im gleichen Verlag sind erschienen:

Franz Bardon
Der Weg zum wahren Adepten
Das Geheimnis der ersten Tarot-Karte. Ein Lehrgang der Magie in 10 Stufen. Theorie und Praxis. **Theorie:** Über die Elemente Feuer, Luft, Wasser und Erde. Das Licht. Das Akasha- oder Äther-Prinzip. Karma, das Gesetz von Ursache und Wirkung. Die Seele oder der Astralkörper. Der Geist oder Mentalkörper. Religion. Gott.
Praxis: 1. Gedankenkontrolle. Selbsterkenntnis oder Introspektion. 2. Autosuggestion. Konzentrationsübungen mit 5 Sinnen. Astralmagisches Gleichgewicht. 3. Konzentrationsübungen. Raumimprägnierungen. 4. Bewußtseinsversetzung. Elementestauungen. Rituale in der Praxis. 5. Raum-Magie. Elementeprojektion. 6. Vorbereitung zur Beherrschung des Akasha-Prinzipes. Bewußte Schaffung von Elementalen. 7. Die Entwicklung der astralen Sinne mit Hilfe der Elemente: Hellsehen, Hellhören, Hellfühlen. 8. Die Praxis des geistigen Wanderns. Herstellung eines magischen Spiegels. 9. Der magische Spiegel in der Praxis: Hellsehen, Fernwirkungen, Projektionsarbeiten. Magische Ladung von Talismanen. 10. Die Erhebung des Geistes in höhere Welten oder Sphären. Kontakt mit geistigen Wesen. Eine mehrfarbige Abbildung der ersten Tarot-Karte.
ISBN 3-921338-30-1 / 21. Auflage, 393 Seiten, Leinen

Franz Bardon
Die Praxis der magischen Evokation
Das Geheimnis der 2. Tarot-Karte. Anleitung zur Anrufung von geistigen Wesen der kosmischen Hierarchie. Der Verfasser berichtet aus eigener Erfahrung.
Teil I: Magie: Magische Hilfsmittel: Der magische Kreis. Das magische Dreieck. Das magische Räuchergefäß. Der magische Spiegel. Die magische Lampe. Der magische Stab. Das

magische Schwert. Die magische Krone. Das magische Gewand. Der magische Gürtel. Das Pentakel, Lamen oder Siegel. Das Buch der Formeln. Im Bereich der Wesen. Vor- und Nachteile der Beschwörungsmagie. Die Spiritus familiaris oder Dienstgeister. Die magische Evokation. Die Praxis der magischen Evokation.

Teil II: Hierarchie (Namen, Siegel und Beschreibungen von mehr als 500 geistigen Wesen der Hierarchie):

Teil III: Abbildungen – Namen und Siegel geistiger Wesen. Eine mehrfarbige Abbildung der zweiten Tarot-Karte.

ISBN 3-921338-31-X / 560 Seiten, Leinen

Franz Bardon
Der Schlüssel zur wahren Kabbalah

Das Geheimnis der 3. Tarotkarte - die Magie des Wortes. Die kosmische Sprache in Theorie und Praxis. Der Kabbalist als vollkommener Herrscher im Mikro- und Makrokosmos.

„Zu allen Zeiten war derjenige, den man als den *Herrn des Wortes* bezeichnete, stets der höchste Eingeweihte, der höchste Priester, der wahre Vertreter Gottes." Weltweit das einzige Lehrbuch der praktischen Kabbalah.

ISBN 3-921338-27-1 / 309 Seiten, 2 Abb., Leinen

Franz Bardon
Frabato
Autobiographischer Roman

Der Roman schildert wichtige Lebensabschnitte von Franz Bardon, die sich auf seine besondere Mission für die Entwicklung der Menschheit beziehen. Zwischen weißen und schwarzen Magiern kommt es im Laufe der Handlung zu unerbittlichem Kampf. Es werden die intimsten Praktiken schwarzmagischer Logen beschrieben. Informationen über den Tempel Schambhala, die Arbeit der „weißen Loge", der Weltregierung, und die Hierarchie der Meister.

ISBN 3-921338-26-3 / 200 Seiten, 12 Abb.

Dr. Lumir Bardon / Dr. M.K.
Erinnerungen an Franz Bardon
Der Sohn von Franz Bardon und ein persönlicher Schüler erzählen über ihre Erlebnisse mit dem Meister. Mit „Anmerkungen zur Hermetik" von Dr. M.K.
ISBN 3-921338-18-2 / 111 Seiten, 22 Fotos

Erich Bischoff
Wunder der Kabbalah
Die okkulte Praxis der Kabbalisten
Im Anhang: Sepher Jesirah (Das Buch der Schöpfung)
ISBN 3-921338-28-X / 111 Seiten, geb.

Karl Brandler-Pracht
Der Heilmagnetismus
vom okkulten Standpunkt
ISBN 3-921338-32-8 * 149 Seiten

Karl Brandler-Pracht
Geheime Seelenkräfte
ISBN 3-921338-33-6 * 194 Seiten

Dieter Rüggeberg
Christentum und Atheismus
im Vergleich zu Okkultismus und Magie
Eine vergleichende Studie zu den weltanschaulichen, wissenschaftlichen und machtpolitischen Grundlagen.
ISBN 3-921338-12-3 / 197 Seiten

Dieter Rüggeberg (Hg.)
Fragen an Meister Arion (Franz Bardon)
Ergänzungen zum Lehrwerk „Der Weg zum wahren Adepten" aus einem Schülerkreis in Prag. Fragen und Antworten über die mentale, astrale und physische Ebene sowie das Akasha-Prinzip.   ISBN 3-921338-24-7 / 108 Seiten

Dieter Rüggeberg
Geheimpolitik
Der Fahrplan zur Weltherrschaft
ISBN 3-921338-15-8 * 273 Seiten

Dieter Rüggeberg
Geheimpolitik-2
Logen-Politik
ISBN 3-921338-16-6 * 317 Seiten

In Vorbereitung:

- - -

Dieter Rüggeberg
**Theosophie und Anthroposophie
im Licht der Hermetik**
ISBN 3-921338-35-2 * ca. 150 Seiten

- - -

Dieter Rüggeberg
Hermetische Psychologie und Charakterkunde
ISBN 3-921338-36-0 * Format A4, ca. 120 Seiten

****

**Verlag Dieter Rüggeberg
Postfach 13 08 44
D-42035 Wuppertal
Tel. + Fax: (+ 49) 02 02 - 59 28 11
Internet: www.vbdr.de**
****